KLARTEXT

Martin Debes

Ach, Thüringen ...

Zwischenrufe aus einem seltsam schönen Land

Bibliografische Information der Deutschen Nationalbibliothek
Die Deutsche Nationalbibliothek verzeichnet diese Publikation in der Deutschen Nationalbibliografie; detaillierte bibliografische Daten sind im Internet über http://dnb.dnb.de abrufbar.

Impressum

1. Auflage Februar 2023
Redaktion, Satz und Gestaltung: Achim Nöllenheidt
Umschlaggestaltung: Fabian Kendzia
Umschlagabbildungen: Martin Debes, Franz Debes (Porträt Klappe)
Druck und Bindung: Multiprint GmbH, Kostinbrod 2230,
Slavianska Str. 10 A, Bulgarien

ISBN 978-3-8375-2565-6

KLARTEXT

Jakob Funke Medien Beteiligungs GmbH & Co. KG
Jakob-Funke-Platz 1, 45127 Essen
info.klartext@funkemedien.de
www.klartext-verlag.de

Inhalt

Ach, Thüringen …

Etwa 2,3 Prozent der Menschen der Bundesrepublik leben in Thüringen. Es gibt hier keine Metropolen, keine Konzernzentrale und keine höherklassigen Fußballclubs. Ja, es ist schön hier, im Westen die Rhön, im Süden der Thüringer Wald, im Nordwesten der Harz und im Osten das Vogtland, dazwischen der Nationalpark Hainich und toskanisch anmutende Hügeligkeit: Aber sonst?

Sonst stellt sich die Frage, warum ausgerechnet hier, in der mitteldeutschen Provinz, immer mal wieder Erstaunliches geschieht. Warum wurde hier die Bibel ins Deutsche übersetzt und die Fuge komponiert, warum hat der englische König hier seine Urahnen und warum befand sich hier das Zentrum von Klassik, Philosophie und Romantik? Warum gründete sich hier die Urburschenschaft, warum steht hier das erste Planetarium?

Warum saßen hier erstmals Nazis in einer Landesregierung? Warum wurde Thüringen zu einer Art Muster-Gau? Und warum wurden hier die Öfen für Auschwitz gebaut?

Warum herrschte hier in der DDR-Zeit eine der höchsten sportlichen Olympiasieger- und Weltmeisterdichte der Welt? Warum wurden hier Autos und Mopeds entwickelt? Warum wurde hier die erste Stasi-Zentrale besetzt?

Warum konnten sich hier Jugendliche zu Rechtsterroristen radikalisieren? Warum steht hier der einzige linke Ministerpräsident gegen den extremsten aller extremen AfD-Funktionäre? Und warum wurde hier ein Regierungschef ohne Regierung gewählt?

Seit ich den „Zwischenruf" für die „Thüringer Allgemeine" schreiben darf, habe ich immer wieder über das gleichermaßen seltsame wie schöne Land nachgedacht,
in das ich geboren wurde und aus dem die meisten meiner Vorfahren stammen.

Ich habe die Zeitläufte betrachtet, das aktuelle Geschehen kommentiert und mein eigenes Tun reflektiert. Dies ist eine Auswahl aus mehr als 500 Kolumnen, die seit 2011 erschienen, und die – das ist die Hoffnung, die hinter diesem Buch steht – etwas über den Tag ihrer Publikation hinausreichen. An einer Stelle habe ich Worte abgemildert, die mir im Rückblick zu hart erschienen.

Auch wenn ich versucht habe, die Kolumnen mal inhaltlich, mal chronologisch zu sortieren, so ergeben sie keine geschlossene Erzählung, zumal an einigen Stellen Überschneidungen nicht vermieden werden konnten. Am Ende steht jeder Text für sich.

NSU

Ich kann mich noch gut an jenen Novembertag erinnern, der mit zwei toten Bankräubern in Eisenach begann – und an dessen Abend in Umrissen einer der größten Skandale in der bundesrepublikanischen Geschichte deutlich wurde. Drei Rechtsextremisten waren 1998 aus meiner Geburtsstadt Jena geflüchtet und hatten im Untergrund systematisch Migranten und ihre Nachkommen ermordet, Bomben gelegt und Raubüberfälle begangen, derweil der Staat wegschaute, die Polizei lieber in Richtung Ausländerkriminalität ermittelte und der Verfassungsschutz über manipulative V-Leute das Umfeld des selbst ernannten „Nationalsozialistischen Untergrunds" mitfinanzierte. Ich schrieb viele Texte, über die Ermittlungen, die Reaktionen aus der Politik, das Leid der Opfer und Angehörigen. Und ich saß viele Verhandlungstage im Prozess gegen Beate Zschäpe und ihre vier Mitangeklagten.

Auch wenn ich mir keinesfalls anmaßen möchte, so etwas wie ein Experte in diesem Bereich zu sein, so weiß ich doch eines: Der Fall des NSU ist längst nicht aufgeklärt.

Das Land, aus dem die Täter kamen

Am Mittwoch, 10 Uhr, beginnt im Saal A 101 des Oberlandesgerichtes München die Hauptverhandlung im „Strafverfahren gegen Beate Z. u. a. wegen Verdachts der Bildung einer terroristischen Vereinigung u. a. (NSU)".

Ein Jahr, sechs Monate und 13 Tage werden dann seit jenem sonnigen Novembertag vergangen sein, an dem in einem Campingwagen in Eisenach-Stregda die Leichen von Uwe Böhnhardt und Uwe Mundlos gefunden wurden. Ein Jahr, sechs Monate und 13 Tage wird dann bekannt sein, dass eine Neonazi-Bande viele Jahre lang mordete, raubte und bombte, ohne dass sie jemand daran hinderte.

Dass dies in jeder Hinsicht außergewöhnliche Umstände sind, hat nun auch, nachdem es ihr das Bundesverfassungsgericht extra erläuterte, die hochmögende bayerische Gerichtsbarkeit verstanden. Dabei hätte es der Vorsitzende Richter durchaus ahnen können. Noch nie beschäftigten sich parallel vier deutsche Parlamente, darunter das nationale, in eigens eingerichteten Untersuchungsausschüssen mit den zu verhandelnden Vorwürfen. Und noch nie, außer vielleicht bei den RAF-Prozessen, gab es schon vor Prozessbeginn derart viel politisches Manövrieren.

Der Chef des Bundesverfassungsschutzes musste genauso gehen wie die Präsidenten mehrerer Landesämter. Auch wurde die Bekämpfung des Rechtsextremismus gebündelt und eine zentrale Datei eingerichtet. Schließlich beschloss der Bundesrat einen neuerlichen Antrag auf ein Verbotsverfahren gegen die NPD.

Das Strafverfahren findet in München statt, weil fünf der zehn Morde, die sich die Gruppe selbst zuschrieb, in Bayern verübt wurden. Auch in Baden-Württemberg, Nordrhein-Westfalen und Hessen, Hamburg und Mecklenburg gab es Opfer, auch dort hätte verhandelt werden können.

Thüringen blieb bis auf einige Banküberfälle verschont, wohl weil es hier nicht genügend echte oder vermeintliche Ausländer gab, die es gemäß der pathologischen Logik des NSU zu vertreiben galt. Dennoch steht das Land seit dem November 2011 im Zentrum der Beschuldigungen, der Aufklärung und Turbulenzen jeder Art.

Denn Thüringen ist nun mal das Land, aus dem die Täter stammen. Das gilt nicht nur für die mutmaßlichen Mörder, sondern auch für die Mehrheit der Angeklagten. Es ist das Land, in dem sie groß wurden, in dem sich die späteren

Terroristen radikalisierten und Bomben bauten – und trotzdem flüchten konnten. Es ist das Land, von dem aus ein Ralf Wohlleben die Flüchtigen unterstützte, während er die Neonazi-Szene aufbaute. Es ist das Land, ohne dessen Wegschauen dies alles nicht passiert wäre.

Ja, natürlich, es gab das, was man in der Politik gerne Konsequenzen nennt. Das Landesprogramm gegen Rechtsextremismus wurde aufgestockt, obwohl es immer noch nicht so heißen darf. Der hiesige Verfassungsschutzchef musste gehen, das Amt soll nun ins Innenministerium eingegliedert werden. Neue Regeln für die Zusammenarbeit zwischen Justiz und Polizei sind erlassen. Beim Landeskriminalamt wurde eine 30-köpfige Ermittlergruppe installiert. Die Kontrollrechte des Parlaments werden verstärkt.

Damit, so wird offenkundig befunden, muss es aber langsam gut sein. Die Opfer, selbst wenn sie wie Michèle Kiesewetter aus Thüringen stammten, starben ja woanders. Deshalb meint man auch kein Denkmal errichten oder die Angehörigen unterstützen zu müssen.

Doch das ist ein Irrtum. Denn ob man nun will oder nicht: Ab Mittwoch wird auch Thüringen der Prozess gemacht.

15.4.2013

Sie sind noch da

Nun also beginnt er endlich, der Prozess, von dem alle reden, auch wenn sie eigentlich nicht davon reden mögen. Zu lange mussten sich jedwede Beteiligte mit der Frage aufhalten, wann welcher Vertreter der veröffentlichten Meinung wo sitzen darf – was, trotz mancher Übertreibung, mehr am 6. Strafsenat des Münchner Oberlandesgerichts als an den Medien lag.

Ursprünglich hätte die Verhandlung vor knapp drei Wochen beginnen sollen. Damals schrieb ich an dieser Stelle, dass sich im Schwurgerichtssaal A101 auch Thüringen auf der Anklagebank befinde, weil dies nun einmal das Land sei, aus dem die Täter kamen. Dies zog manch empörte Reaktion nach sich. Wir sind doch nicht die, hieß es. Was für eine Unterstellung!

Was war gemeint? Die Neuerfindung der Kollektivschuld bestimmt nicht. Es ging auch nicht darum, jene, die in Thüringen in den 1990er-Jahren Politik machten, pauschal zu verurteilen. Selbst der hiesige Verfassungsschutz oder das Landeskriminalamt sind nicht in ihrer Gänze verantwortlich zu machen. Die meisten Beamten hatten sich, bei allen Fehlern, im Rahmen ihrer Möglichkeiten bemüht.

Nein, es geht darum, dass wir nicht neuerlich verdrängen, was doch so offensichtlich ist. Uwe Böhnhardt, Uwe Mundlos und Beate Zschäpe wurden zu einer Zeit erwachsen, als nahezu wöchentlich Ausländer in Jenaer Straßenbahnen verprügelt wurden, als Neonazis in Süd- oder Ostthüringen national befreite Zonen ausriefen und CDs mit nationalsozialistischem Liedgut auf vielen thüringischen Schulhöfen zu bekommen waren.

Ich lebte damals, vor 15, 20 Jahren, in dieser Stadt, studierte vor mich hin und schrieb für Zeitungen. Einige Kommilitonen wohnten in Lobeda, da passte man bei Besuchen auf. Ansonsten ging man den Glatzen, die eher selten im Stadtzentrum auftauchten, einfach aus dem Weg.

Bis auf die langen Haare, die ich damals noch besaß, hatte ich wohl nichts an mir, was sie provozierte. Ich war ja Deutscher.

Für eine Weile wohnte ich zwei Häuser neben der Evangelischen Jugendgemeinde, die sich mit einem eisernen Tor gegen die Angriffe der Rechtsextremen schützte – und die, zumindest zuweilen, auch nicht zimperlich gegen die Neonazis vorging. In manchen Nächten herrschte in manchen Gegenden Kriegszustand.

Doch die Lokalpolitik, vom Oberbürgermeister bis zum Stadtrat, ignorierte das alles, genauso wie der Rest der Welt. Als der „Spiegel" eine Geschichte über Jena schrieb, titelte er von der „Hauptstadt der Intelligenz". Niemand wollte sich das von Lothar Späth und anderen gepflegte Image der Boomtown Jena kaputt machen lassen.

1998 flüchteten die drei, um in Sachsen Terroristen zu werden. Das war auch ungefähr die Zeit, als die Neonazis ihre Strategie änderten. Ralf Wohlleben, dem auch in München der Prozess gemacht wird, ließ sich in den Ortschaftsrat in Winzerla wählen. In Alt-Lobeda bezog er eine alte Kneipe und machte sie zum „Braunen Haus". Die Gewalt nahm ab, die Präsenz zu. Die NPD etablierte sich.

Der Sohn meiner Schwester, er ist 18, geht ab und an in den „Hugo" in Winzerla. Der Club wurde vor einigen Jahren neugebaut, an Stelle der alten Baracke, in der Beate Zschäpe ihre Uwes kennenlernte. Der Neffe sagt, selten, jedenfalls nicht oft, kämen einige, wenige Rechte vorbei. Sie fielen kaum auf, weder optisch noch sonst wie.

Aber sie sind noch da.

6.5.2013

....

Vom Wesen des Mitläufers

Zwei Mitangeklagte von Beate Zschäpe haben in der vergangenen Woche in München gestanden. Sie gaben nun auch vor Gericht zu, Waffen nach Sachsen geschafft zu haben, wo Uwe Böhnhardt, Uwe Mundlos und eben Zschäpe untergetaucht waren.

Carsten S. kaufte im Jahr 2000 in Jena eine Ceska-Pistole und übergab sie in Chemnitz an die beiden Männer, die damit kurz darauf ihre Mordserie gegen die Einwanderer begannen. Deshalb ist S. der Beihilfe zu neunfachem Mord angeklagt.

Holger G. wiederum übergab dem sogenannten Trio mehrfach seine Personaldokumente, zuletzt im Jahr 2011, kurz bevor der selbst ernannte „Nationalsozialistische Untergrund" aufflog. Auch schaffte er 2001 oder 2011 eine Pistole nach Zwickau. Da die Waffe keinem Mord zuzuordnen ist, gilt dieser Transport als verjährt, weshalb G. nur der Unterstützung einer terroristischen Vereinigung beschuldigt wird.

Die beiden dürfen schon jetzt als Täter bezeichnet werden. Sie haben Straftaten gestanden, zumal Carsten S. fast nebenher davon berichtete, wie er mit einigen anderen Neonazis zwei Menschen schwer verletzte.

Dennoch dürften beide auf unschuldig plädieren, zumindest auf unschuldig im Sinne der Anklage. Sie hätten, sagen sie, doch nichts von den Morden, Banküberfällen und Bombenanschlägen geahnt – so wie übrigens alle anderen 82 Millionen Deutschen einschließlich diverser Geheimdienste, Landeskriminalämter und Sonderkommissionen mit Hunderten an Polizisten.

Die These der Generalbundesanwaltschaft, dass sie wissen mussten, dass Böhnhardt und Mundlos die Waffen und Papiere für schlimmste Verbrechen benötigten, ist für die Angeklagten eine reine Unterstellung.

Das Reden über Gewalt in der Jenaer Neonazi-Szene, sagte etwa Holger G., sei doch „nur Theorie" gewesen. Auch als man Bomben und TNT in Zschäpes Garage fand, habe man dies „den dreien" eigentlich gar nicht zugetraut. Und überhaupt: Sie wollten doch damals einfach nur ihren Freunden helfen.

Die Verteidigungsstrategie ist damit abgesteckt: Die Angeklagten erklären sich für dumm oder, um es mit Holger G. zu sagen, für „naiv und bescheuert". Sie wurden ausgenutzt, missbraucht, fehlgeleitet.

Zudem war es ja nur eine Phase, deren Ursachen überall, nur nicht bei ihnen, liegen. Wahlweise war der Gruppendruck verantwortlich, der Kampf des labilen Selbst um Anerkennung, die verdrängte Homosexualität oder gar die Liebe der alleinerziehenden Mutter, die ihren Holger gar zu sehr verwöhnte.

Das alles könnte lächerlich wirken, wenn es einem nicht so bekannt vorkäme. Der neue, gewaltbereite Nationalsozialismus ist ein hierarchisches, ideologisiertes System, das wie andere, deutlich größere Systeme funktioniert, zu denen man gehören will oder angeblich gehören muss und in denen es darum geht, die eigene Persönlichkeit und manchmal auch das eigene Gewissen zu opfern.

Wie oft wurde in diesem Land nach 1945 gesagt, dass man DAS nicht gewusst habe. Und wie oft musste man nach 1989 den Satz hören, dass man niemandem PERSÖNLICH schadete.

Carsten S. und Holger G. stehen in einer Tradition, die insbesondere in Deutschland gepflegt wurde und die sich der immerselben Verteidigungsmuster bedient. Es ist die Tradition des Mitläufers.

10.6.2013

....

Ist das nicht irre?

Am vergangenen Mittwoch, wir saßen auf den in 70er-Jahre-Orange bezogenen Stühlen der Pressetribüne des Schwurgerichtssaals und warteten darauf, dass ein Anwalt etwas vorlesen würde, was eine gewisse Beate Zschäpe mitzuteilen beliebte, da sagte ein besonders sympathischer Kollege einer besonders sympathischen Zeitung zu mir: „Ist das nicht irre, dass wir uns damit nun schon ganze vier Jahre beschäftigen?"

Ja, es ist irre. Seit am 4. November 2011 im Eisenacher Ortsteil Stregda jener Wohnwagen brannte, haben sich Hunderte, nein Tausende Polizisten, Politiker, Staatsanwälte, Anwälte, Richter und Journalisten damit beschäftigt, wie es dazu kam, dass mindestens drei Menschen eine neonazistische Terrorzelle bilden konnten, ohne dass sie irgendjemand vom Morden, Bomben und Rauben abhielt.

Es gab und gibt in Berlin, München, Stuttgart, Dresden und Erfurt etliche Untersuchungsausschüsse, in denen klar wurde, dass ein weitverzweigtes Netzwerk von Menschen existierte, das den NSU unterstützte, auch wenn wohl nicht alle Beteiligten von allen Taten ahnten. Im Bundestag und im Thüringer Landtag wurden sogar nochmals neue Ausschüsse gebildet.

Seit 31 Monaten läuft in München ein Prozess, der in seiner Größenordnung mit den Verhandlungen gegen die RAF und den Ausschwitz-Prozessen vergleichbar ist. Am Dienstag findet der 250. Verhandlungstag statt, zu dem sich die etwa 100 Prozessbeteiligten versammeln werden.

Mehr als 500 Zeugen wurden schon angehört, und doch ist ein nahes Ende nicht abzusehen. Irgendwann im nächsten Jahr, vielleicht noch vor dem Sommer, dürfte das Urteil fallen.

Und doch muss die stetig wiederkehrende Frage danach, ob dieser ganze Aufwand Sinn ergibt, immer noch mit Ja beantwortet werden. Abgesehen davon, dass so nun mal Demokratie und Rechtsstaat in all ihrer Unvollkommenheit funktionieren und abgesehen davon, dass die Opfer und deren Angehörige zumindest den bestmöglichen Versuch verdient haben, so etwas wie Gerechtigkeit walten zu lassen – abgesehen davon sollte man einfach betrachten, was gerade in diesem Deutschland und in diesem Thüringen wieder geschieht.

Als Beate Zschäpe, Uwe Böhnhardt und Uwe Mundlos in Jena erwachsen wurden, brannten die Asylheime, starben Türken in Mölln und wurden Menschen, die eine dunkle Hautfarbe haben, durch die Straßen gejagt.

Wirklich ernst genommen wurde das alles nicht. Die Polizei tat sich schwer damit, überhaupt von fremdenfeindlichen Straftaten zu sprechen. Der Staat verschärfte das Asylrecht, um die Flüchtlinge vom Balkan fernzuhalten. Und der Verfassungsschutz meinte tatsächlich, er könne die Szene, gleich der alten, gescheiterten Stasi-Taktik, durchdringen und zersetzen.

Heute brennen wieder Asylheime, mehr als damals, und es ist nur dem glücklichen Zufall geschuldet, dass noch niemand deshalb sterben musste. Heute werden wieder Menschen, die eine dunkle Hautfarbe haben, angepöbelt und geschlagen.

Die Nazis zeigen sich geradezu stolz. Sie tragen nicht mehr Bomberjacken und Stiefel, aber sie sind mindestens genauso gefährlich wie der „Thüringer Heimatschutz“, aus dem der NSU einst entsprang. Sie marschieren auf oder sie mischen sich unter die Demonstranten der AfD. Sie fühlen sich dabei, so wie damals, als Speerspitze einer angeblichen, schweigenden Mehrheit gegen das System. Ängste, irrationale wie reale, und Probleme, tatsächliche wie erfundene, werden instrumentalisiert für Rassenhass und Umsturzfantasien.

Dass Politik und Behörden diesmal anders reagieren, dass sie öfter hinschauen, dass sie weniger beschönigen und ja: dass sie gelegentlich sogar handeln, das ist ein Fortschritt. Der nervige Prozess, die zähen Ausschüsse und die ewige politische Debatte haben dazu beigetragen.

So irre ist das dann doch nicht.

14.12.2015

....

Es ist nie vorbei

Fünf Hundertschaften Polizei bewachten das Durcheinander, das sich vor dem riesigen, hässlichen Betonklotz in der Münchner Maxvorstadt darbot. Demonstranten mischten sich mit Nebenklägern, ihren Anwälten, Fernsehteams, Journalisten, Neugierigen.

Es war der 6. Mai 2013, der Beginn des NSU-Prozesses, und es gab in der Bundesrepublik kein Thema, das wichtiger zu sein schien. Die Bundeskanzlerin, als eine noch unangefochtene Institution, sprach angemessen Salbungsvolles in Berlin. Man müsse alles tun, sagte sie, damit sich das nie wiederholen kann.

Das, was sich nie wiederholen sollte, war der NSU, der Nationalsozialistische Untergrund: Eine neonazistische Terrorgruppe, die, von Rassenwahn verblendet, mindestens zehn Menschen ermordet und Dutzende verletzt hatte. Mittendrin im Gewimmel stand Semiya Simsek, die Tochter von Enver Simsek, der im Jahr 2000 in seinem Blumenwagen, den er an einer Ausfallstraße von Nürnberg geparkt hatte, erschossen wurde. Sie berichtete nochmals davon, wie sehr sie litt, dass die Polizei jahrelange ihren Vater als Drogenkurier verdächtigte und in ihrer Familie nach dem Täter suchte.

Sie hoffe, sagte sie, dass dieser Prozess auch dabei helfen werde, das aufzuarbeiten, was sie als Staatsversagen empfinde. Sie hoffe, endlich Antworten zu bekommen.

Fünf Jahre und zwei Monate später, an diesem Mittwoch, wird alles so wirken wie einst im Mai. Demonstranten, Polizisten, Nebenkläger, Anwälte, Journalisten, Kameraleute werden durcheinander wimmeln, wenn die Urteile über Beate Zschäpe und ihre vier Mitangeklagten verkündet werden.

Doch das Entsetzen von damals ist bei den meisten, die nicht direkt betroffen sind, zur Routine verkommen. Dies hat etwas mit der Zeit zu tun, die vergangen ist, aber auch mit den Zeiten, in denen wir gerade leben. Außerdem, wie immer das Gericht auch entscheiden mag: Viele Antworten auf die Fragen, die Semiya Simsek stellte, stehen noch aus und dies nach 437 Verhandlungstagen mit etwa 100 Prozessbeteiligten, die eine hohe zweistellige Millionensumme kosteten.

Dennoch war dieser Prozess wichtig, genauso wie die vielen Untersuchungsausschüsse, Dokumentationen, Bücher zum NSU. Denn die Frage, wie neonazistischer Terror in Deutschland entstehen kann, ist nicht abstrakt. Sie ist konkret.

Für jemanden, der aus Thüringen, aus Jena stammt, ist diese eine sehr persönliche Erkenntnis. Als Uwe Böhnhardt, Uwe Mundlos und Beate Zschäpe in dieser schönen, aber vielfach vernarbten Stadt geboren wurden, ging ich dort in den Kindergarten.

Und als sie aus der Stadt flüchteten, nachdem die Bombenwerkstatt in der Garage entdeckt worden war, versuchte ich dort gerade, irgendwie zwischen Partys und Panik meine Magisterarbeit zu verfassen.

Ich wohnte damals nur ein paar hundert Meter von dem Laden entfernt, in dem etwa zwei Jahre später die Pistole gekauft wurde, mit der Enver Simsek und acht andere Männer erschossen wurden, die aus Sicht ihrer Mörder nicht nach Deutschland gehörten.

Und nun, eineinhalb Jahrzehnte später, saß ich plötzlich in diesem stickigen, fensterlosen Saal in München und hörte Verhandlungstag für Verhandlungstag Menschen in meinem Alter zu, wie sie von den Plattenbauten in Lobeda und Winzerla erzählten, der Wagnergasse und vom Biergarten an der Saale, in dem ich oft war.

Sie erzählten von den Jahren, als ein Staat aufhörte zu existieren und in einem anderen aufging, in denen plötzlich alles offen und frei schien und gleichzeitig beängstigend und irritierend, in denen die Eltern neu anfangen durften oder mussten, in denen die Erfolge direkt neben dem Scheitern standen. Sie erzählten von meinem Leben.

Irgendwann verstand ich. Die da unten, auf der Anklagebank, das hätte auch ich sein können. Das Lehrerkind Böhnhardt, der daheim bei Mutti immer die Hausschuhe anzog. Der Professorensohn Mundlos, der alle anderen zutextete. Der Schwule Carsten S., der, um seine Homosexualität zu verdrängen, auf Nazi-Männchen machte.

Dieser Prozess hat gezeigt, dass nichts selbstverständlich ist. Es kann sich immer alles wiederholen, nicht auf dieselbe Weise, nicht in derselben Abfolge, aber doch mit denselben Aggressionen, die aus Ängsten wachsen, vor sich selbst, vor anderen, vor der Ungewissheit, die sich Leben nennt.

Obwohl ich es immer noch nicht glaube, dass Dinge genauso wieder passieren, obwohl ich nicht alles mit allem vermischen will, obwohl ich hoffe, dass wir aus Erfahrungen lernen: Wenn ich hinaus in diese Welt schaue, dann weiß ich, dass es nie vorbei ist.

9.7.2018

Machtwechsel

Am 5. Dezember 2014 wurde im Erfurter Landtag mit Bodo Ramelow der erste linke Ministerpräsident gewählt. In den Wochen davor stand Thüringen im Fokus wie fast noch nie zuvor.
Damals zeigte sich zum ersten Mal die Polarisierung, die später das sogenannte Flüchtlingsjahr 2015, die Regierungskrise 2020 und die nachfolgende Pandemie bestimmen sollte.

Pionierehrenwort

Als Jungpionier ging es darum, für Frieden und Sozialismus immer bereit zu sein. Das schloss die Teilnahme an den Wahlen zum Gruppenrat ein, der, liebe Zugezogene und Nachgeborene, das Schülerleitungsgremium meiner 3. Klasse in der POS „Wilhelm Pieck" war. Wer nicht an dieser Wahl teilnahm, der musste notwendigerweise gegen den Weltfrieden sein. Das konnte ich nicht wollen – und wurde sogar Wandzeitungsredakteur. Nebenher war so mein Weg in die internationale Qualitätspresse vorgezeichnet.

Jetzt, Äonen später, ist wieder die Zeit der Appelle. Spätestens seit am letzten Augustsonntag die Hälfte der wahlberechtigten Sachsen Besseres zu tun zu haben meinte, als über den Landtag abzustimmen, schwillt der Geht-Wählen-Gesang wieder an. Jetzt kämpft man nicht mehr so sehr für den Sozialismus, sondern für die Demokratie. Aber immerhin.

Es werden etliche mehr oder minder sinnhafte Gründe dafür angebracht, warum der mündige Bürger zur Wahl gehen sollte. Zu den besseren Argumenten gehört, dass er mit seiner Stimme automatisch die Neonazis schwäche. Das ist plausibel, sofern er nicht selber so blöd ist, die Neonazis zu wählen.

Eine der preiswertesten Vorhaltungen dagegen ist, dass man ja vor 25 Jahren kerzenhaltend für freie Wahlen demonstrierte. Da müsse man ja wohl heute, da man diese freien Wahlen habe, auch daran teilnehmen!

Das ist natürlich Unfug. Es ging damals darum, frei entscheiden zu können. Kann ich laut sagen, was ich denke? Nehme ich den Zug nach Altenburg oder doch lieber den nach Fulda? Und ja, darf ich wählen, wen ich will – oder, und das ist jetzt sehr wichtig: Kann ich es auch einfach lassen?

Das Grundgesetz kennt nur das Recht auf freie Wahlen und nicht die in der DDR anbefohlene Pflicht. Wer in der angeblichen demokratischen Republik nicht wählte, durfte sich unschöner Folgen gewiss sein. Jetzt ist man so frei, nicht abzustimmen, wenn man halt nicht mag.

Dass nur die Hälfte wählt, ist in anderen, älteren Demokratien der Normalzustand. Zugegeben: Eine geringe Wahl-Beteiligung kann durchaus ein Indikator für Verdrossenheit und Frust sein. Doch oft genug zeigt sie nur, dass die meisten Menschen ziemlich zufrieden sind – zwar nicht unbedingt mit der Politik, aber doch mit ihrem Leben. Es interessiert sie daher schlicht eher wenig, was im Landtag oder der Landesregierung passiert.

Ich wähle trotzdem am 14. September, und zwar nicht, weil ich beruflich mit Politik zu tun habe. Ich wähle, weil es tatsächlich etwas zu entscheiden gibt.

Es ist recht einfach. Wähle ich, zum Beispiel, die CDU, erhöhe ich die Wahrscheinlichkeit für eine schwarz-rote Fortsetzung. Es läuft dann ungefähr so weiter wie jetzt, mit mal faulen, mal akzeptablen Kompromissen, also mit ein bisschen Gemeinschaftsschule, einer halben Gebietsreform und einem gekürzten Betreuungsgeld.

Wer dagegen Linke und Grüne wählt, bekommt, da es für Schwarz-Grün nicht reichen dürfte, im Erfolgsfall lauter Reformen: in der Schule, auf dem Arbeitsmarkt, in der Kreisstruktur und dazu noch mehr Windräder und Kindergartenplätze, eine andere Asylpolitik und jede Menge Antifaschismus.

Auf der einen Seite bekommen Sie Kontinuität, auf der anderen Seite Veränderung – die aber keine Revolution sein wird, auch nicht unter einem linken Ministerpräsidenten.

Sie haben also wirklich eine Wahl. Und falls Sie sich partout nicht entscheiden können, dann gibt es für Sie praktischerweise eine Partei im Angebot, die das auch noch nicht tut.

Es ist die arme SPD.

8.9.2014

....

Die Fans von Egon Krenz

Manchmal erfahren Begrifflichkeiten die seltsamsten Karrieren. In den frühen 1980er-Jahren zog der westdeutsche CDU-Vorsitzende Helmut Kohl mit der Parole von der „geistig-moralischen Wende" in den Wahlkampf gegen die seit Langem regierenden Sozialdemokraten. Auch als Bundeskanzler sprach er noch eine Weile davon, bis er es lieber sein ließ.

Erfolgreicher war da schon die Energiewende, die 1980 erstmals in einem Buchtitel Erwähnung fand, woraufhin die neugegründeten Grünen das Wort vereinnahmten, bis es schließlich, nachdem auf einer japanischen Insel ein Atomkraftwerk explodiert war, von einer christdemokratischen Kanzlerin zur Staatsdoktrin erklärt wurde.

Doch am erstaunlichsten geriet die Begriffsbildung durch Egon Krenz. Vor ziemlich genau 25 Jahren sagte der damals gerade frischerwählte Generalsekretär vor dem Zentralkomitee der SED: „Mit der heutigen Tagung werden wir eine Wende einleiten, werden wir vor allem die politische und ideologische Offensive wieder erlangen."

Was als letztendlich vergeblicher Kampfaufruf an die eigene, schon nicht mehr allmächtige Partei gedacht war, sich wieder an die Spitze der Bewegung zu setzen, entwickelte sich binnen Wochen zum Oberbegriff für die Ereignisse im Herbst 1989, wobei sie nebenher die unschuldige Vogelart Jynx torquilla (Wendehals) diskreditierte. Die Alternativformulierung von der „Friedlichen Revolution" schafft es bei Google auch heute nur auf die halbe Zahl der Einträge.

Nun also steht, wenn die Zeichen nicht trügen, die Thüringer Wende an. Während im Advent des Machtwechsels von außen alles auf den ersten leibhaftigen Linke-Ministerpräsidenten starren dürfte, würde aus dem ländlichen Politikbetrieb ein großer Experimentierbaukasten.

Die CDU erlitte dann erstmals seit 1990 den totalen Machtverlust. Es wäre ein Kulturschock, der bis in die kleinste Parteigliederung reichte – aber eben auch die Chance für eine echte Parteireform und einen vollständigen Generationswechsel.

Allerdings müssten sich dafür Partei- und Fraktionschef Mike Mohring, Landtagspräsident Christian Carius und Generalsekretär Mario Voigt zusammenraufen. Die Entscheidung über die künftige Spitzenkandidatur könnten sie auf einen Mitgliederentscheid vertagen.

Mit der CDU erlebten auch große Teile der schwarz eingefärbten Verwaltung ihre Wende. Manches Unionsressort ginge direkt an die Linke, was die dortigen Beamten an die Grenze der Selbstverleugnung oder zum Sabotieren brächte.

Und dann ist noch die Linke selbst, die, so wie die grüne Partei, in Thüringen nichts anderes kennt als Opposition.

Immer war sie gegen etwas, nun muss sie dafür sein und Dinge verteidigen, die ihr von den Koalitionspartnern aufgenötigt wurden – oder gar, Marx behüte, an Sozialleistungen sparen. Dass man anderswo schon regierte und fleißig kürzte, nützt da herzlich wenig: Die schmerzvolle Erfahrung der Realpolitik darf jede Landespartei ganz allein für sich machen.

Wenn man böse wäre, könnte man den Wahrscheinlich-Bald-Ministerpräsidenten Bodo Ramelow als Vollstrecker des Krenzschen Wendewillens von 1989 betrachten. Er, der einst die geistig-moralische Wende als Gewerkschafter in Hessen bekämpfte, hätte es tatsächlich geschafft, die Nachnachnachfolgepartei der SED in den drei Bezirken Erfurt, Gera und Suhl wieder in die politische und ideologische Offensive zu bringen. Was für eine ironische und vor allem wendige Wendung der Geschichte!

Aber, natürlich bin ich keinesfalls böse. Niemals.

20.10.2014

Soljanka mit Drachenbrut

Am Freitagnachmittag saß ein sehr ernster Bodo Ramelow am seitlichsten Tisch der Landtagskantine, zusammen mit seiner Frau. Ein paar Tische entfernt schwatzten derweil frohgemut die parteieigenen Landrätinnen mit ein paar Abgeordneten aus der Fraktion, der Ramelow immer noch vorsteht.

Natürlich hatte dies nichts weiter zu bedeuten; ein Ehepaar muss auch mal Dinge für sich bereden. Aber es passte ganz gut zu der aktuellen Situation des Bodo Ramelow, die, jenseits der Aussicht auf das wichtigste Amt in Thüringen, durchaus ihre Nebenwirkungen erzeugt.

Denn erstmals in seiner Karriere steht er allein im Fokus, in ganz Deutschland. Ob er vor vielen Jahren einen Aufruf für DKP-Abgeordnete unterschrieb, ob er im Streit Türen schlug oder ob er, vielleicht, zu schnell eine Bundesstraße befuhr: Alles kann gegen ihn verwendet werden – und wird es auch. Macht macht einsam, sogar dann, wenn man sie noch nicht besitzt.

Doch damit ergeht es ihm nicht anders als anderen, die an die Spitze drängen. Nein, das Besondere an seiner Lage ist, dass er, Bodo Ramelow, gerade als der personifizierte historische Moment gilt. Denn nur er könnte der erste linke Ministerpräsident in Deutschland sein, und dies – das ist der politische Kick – ziemlich genau 25 Jahre nach dem Fall der Mauer.

Der Mechanismus, der dadurch in Gang gesetzt wurde, muss einen einzelnen Menschen überfordern. Wenn man es gemäß den Gesetzen der Logik betrachtet, ist der Jahrestag die notwendige Bedingung – und Ramelow die hinreichende. Oder um die Chemie zu bemühen: Der Linke-Fraktionschef ist der Katalysator, der die Reaktion in Gang setzte.

Und diese Reaktion, sie hat es in sich. Der Bundespräsident bricht die Regeln, die seit Heuss gelten, die Kanzlerin wahlkämpft, obwohl gar nicht Wahlkampf ist, und bei Illner, Will und Jauch im TV keilt sich die Halbprominenz wegen dieses putzigen Kleinlandes, über das sie womöglich mal geflogen ist.

Plötzlich kommt alles wieder hoch, wie eine unverdaute Soljanka aus der Mitropa-Gaststätte im Berliner Ostbahnhof. Plötzlich ist wieder Nachwendezeit. Der Streit verkürzt sich auf wenige Worte. Stasi, Unrechtsstaat, Drachenbrut. Oder umgekehrt: Wendehälse, Blockflöten, Besserwessis. Ernstzunehmende Menschen zünden Kerzen vor Kirchen an, so, als ob gleich die NVA aufmarschiere, derweil real existierende Linke-Abgeordnete gegen die angebliche Hetze der Medien agitieren. Das Internet quillt über von Vorurteilen, Anschuldigungen und Hass.

Dass es etliche rot-rote Regierungen gab, dass 1989 schon als totgefeiert galt, dass Millionen gesamtdeutscher Nachgeborener gar nicht wissen, warum sich ihre Alten so schrecklich aufregen: Das ist jetzt egal, da ja von Thüringen aus die Isolierung Deutschlands dräut, „geopolitisch, außenpolitisch, europapolitisch“ (Angela Merkel).

Man muss diesen Streit nicht bedauern. Man kann ihn sogar gut finden. Das, was jetzt stattfindet, ist die längst fällige gesellschaftliche Selbstvergewisserung, so wie es sie im Jahr 1968 in der alten Bundesrepublik gab. Mit maximaler Unerbittlichkeit und ideologischer Verve wurde damals aufgewühlt, was doch schon gesetzt erschien.

Es war ein verletzungsreicher, aber nötiger Prozess – allerdings mit entscheidenden Unterschieden zu heute. Selten wurde ein Regime nach seinem Untergang schneller und gründlicher erforscht als die DDR. Selten wurden die Archive derart ausgewertet. Und selten hat sich eine Staatspartei so wandeln müssen, wie es die SED-PDS-Linke tat – auch wenn sie tatsächlich lieber auf den elenden Rest ihres Geldes verzichtet hätte, um sich neu zu gründen.

Es ist also nichts gegen dieses große Palaver einzuwenden, zumal es nicht nur in Parlamenten, Parteien und der Presse stattfindet, sondern in Kneipen, Vereinen und auf der Straße. Es wäre bloß schön, wenn wir dabei nicht so täten, als habe es die vergangenen 25 Jahre nicht gegeben.

10.11.2014

Die niedrigsten Instinkte

Das Problem mit den Journalisten ist, dass sie keine Ahnung haben. So funktioniert jedenfalls die Binnenperspektive jedes ordentlichen Nachrichtendienstes. Dabei stehen Journalisten nur stellvertretend für die Politiker und die interessierte Öffentlichkeit. Was bitte wissen denn die da draußen schon, wie es drinnen wirklich ist?

Der Frust ist systematisch bedingt. Gerade ein Amt, in dem sich alles dem Geheimnisschutz unterordnet, kann sich kaum gegen Anwürfe wehren. Während die Pannen in den Zeitungen und Parlamenten ausgebreitet werden, bleiben die Erfolge verborgen.

Die Rechtfertigungsrhetorik kennt man aus jedem schlechteren Geheimdienstfilm. Da verteidigen sie an der unsichtbaren Front unser aller Demokratie und Wohlstand gegen die -ismusse dieser Welt: Kommunismus, Terrorismus, Islamismus ... Und, dankt es ihnen jemand? Nein. Dabei muss doch, wenn man einen Bin Laden kriegen will, ein kleines bisschen Foltern erlaubt sein.

Diese Der-Zweck-heiligt-die-Mittel-Logik wird auch genutzt, um die V-Leute zu begründen: Um extremistische Organisationen aufzuklären, benötige man nun mal leider Spitzel, die aus dem Innern berichten. Und weil man selbst nicht mal einfach einen eigenen Mitarbeiter zum Nazi ummodeln kann, nimmt man eben den Nazi selbst. Man besticht ihn mit Geld, beschützt ihn vor Strafverfolgung und erwartet dafür, dass er Hinweise liefert, mit denen man die richtig Bösen kriegt.

Natürlich können Informanten nützlich sein; nicht ohne Grund gehören sie seit Jahrhunderten zum Instrumentarium von Kriminalpolizei, Staatsschutz oder sogar Staatsanwaltschaften. Doch der Unterschied ist: Dort gibt es eine transparente Befehlskette, ein Kontrollsystem und eine klare politische Verantwortung.

Dies alles existierte beim Thüringer Verfassungsschutz und anderen Ämtern nicht, trotz Aufsichtsreferaten im Ministerium und Kontrollkommissionen im Parlament. Und wie auch? Wie soll etwas beaufsichtigt werden, was doch unbedingt geheim bleiben muss? Bisher hat es keine noch so gut gemeinte Reform geschafft, diesen Interessenskonflikt aufzulösen.

Und dann sind noch die V-Leute selbst. Durch die NSU-Affäre gelangen Einblicke in den Sicherheitsapparat, die zuvor undenkbar erschienen – und sie offenbarten ein Versagen, an das man nicht geglaubt hätte.

Nimmt man die Akten und die Aussagen vor Ausschüssen und Gericht zusammen, lautet die Schlussfolgerung: Das System der V-Leute hat mehr geschadet als genutzt. Es hat die Dienste korrumpiert, die Ermittlungen behindert und die Szene radikalisiert – und teilweise sogar finanziert. Auch dass das NPD-Verbot scheiterte, gehört dazu.

Zuletzt durfte im NSU-Prozess der frühere Thüringer Obernazi Tino Brandt schildern, wie er den Verfassungsschutz manipulierte. Nach ihm trat der bayerische V-Mann Kai Dalek auf, um mitzuteilen, wie er nach der Wende die Thüringer Szene aufbaute.

Der Reflex, den die beiden Männer in München auslösten, war nackter Ekel. Hier kollaborierte der Staat mit den niedrigsten Instinkten der Gesellschaft, mit Menschenverächtern, Gewalttätern und Rassisten.

Man muss gewiss nicht alles gut finden, was Linke, SPD und Grüne für die nächsten fünf Jahre vereinbart haben. Doch zu dem Versprechen, die Praxis der V-Leute zu beenden und Informanten nur in wenigen Ausnahmefällen auf Kabinettsebene zu genehmigen, möchte man gerne sagen: Na endlich!

Allein, natürlich, man hat ja keine Ahnung.

24.11.2014

Das gespaltene Land

Fast drei Monate sind seit jenem Septembertag vergangen, an dem die Hälfte der thüringischen Wahlberechtigten über den neuen Landtag abstimmte. Die eine Hälfte davon votierte für die Linke, die SPD und die Grünen, die andere Hälfte für CDU und AfD. Und, um es kompliziert zu machen: Wenn man die Stimmen von CDU und SPD zusammenrechnete, ergab dies, so in etwa, auch die Hälfte der Wählerschaft.

Danach: wochenlange Sondierungsgespräche, Urabstimmung in der SPD, Koalitionsverhandlungen, Demonstrationen, Koalitionsvertrag, Mitgliederbefragungen bei Linken und Grünen, CDU-Machtkampf, Verfassungsstreit, Parteitage.

Wer meinte, dass das, was Thüringen vor fünf Jahren nach der Landtagswahl geschah, nicht wiederholbar sei, sah sich korrigiert. Mag sein, dass der Rücktritt von Dieter Althaus tragischer, der Nachfolgestreit irrer und die Debatte über einen alternativen rot-rot-grünen Regierungschef bizarrer waren: Doch die vergangenen Wochen standen dem kaum nach. Was die Aufführung von politischen Dramen betrifft, ist Thüringen so etwas wie das ostdeutsche Schleswig-Holstein geworden.

In dieser Woche kulminiert die Handlung derart, als habe es ein politischer Zeremonienmeister sorgfältig choreografiert. Am Mittwoch werden die Ergebnisse der linken und der grünen Mitgliederbefragungen ausgezählt. Am Donnerstag, dem 25. Jahrestag der Besetzung der Stasi-Zentrale, will das beleidigte Bürgertum vor dem Parlament demonstrieren. Und am Freitagmorgen, ab 9 Uhr, steht die Wahl des ersten Linke-Ministerpräsidenten der Bundesrepublik Deutschland an.

Es ist das große Finale, beobachtet von allen wichtigen Fernsehsendern, Rundfunkanstalten und Zeitungen, begleitet von gezielten Durchstechereien, Intrigen und Kolportagen. Die eine Hälfte steht gegen die andere Hälfte. Den Unterschied macht exakt eine einzige Stimme aus, die in ein, zwei oder vielleicht sogar drei Wahlgängen ausgetestet wird.

Und dann? Dann, das jedenfalls muss als sehr wahrscheinlich gelten, ist es soweit. Bodo Ramelow amtiert als Ministerpräsident und die erste deutsche rot-rot-grüne Koalition kann mit dem Regieren beginnen.

Einerseits mag sich wenig ändern. Die Behörden werden weiter funktionieren und die Gesetze genauso gelten wie zuvor. Die Reformen dürften, falls sie denn kommen, niemanden ernsthaft überfordern. Denn wenn die thüringische Landespolitik etwas kann, dann große Ankündigungen kleinzuverwalten.

Andererseits, auf der gefühlten Ebene, wird vieles neu. Thüringen, dieses freundliche, waldreiche, ewiglich von der CDU regierte Land, dessen besungene Größe sich auf Würste und Klöße reduzierte, erhält ein neues Image. Es mutiert in der äußeren Wahrnehmung zu einer experimentellen Räterepublik, da mag Ramelow den Biedermann geben wie er will.

Dies alles wird interessant anzuschauen sein. Aber vor allem wird es ziemlich schwierig – mit einer Linken, die in Thüringen nie etwas anderes war als Opposition, mit einer gedemütigten SPD, die dennoch die Richtung vorgeben will und mit einer grünen Partei, die zwar an die Macht drängt, doch der dabei nicht geheuer ist.

Dagegen steht eine CDU, die das Trauma des Regierungsverlustes noch vor sich hat. Und dagegen steht diese gar merkwürdige AfD, die noch gar nicht weiß, was sie eigentlich ist.

Und: Immer geht es um diese eine Stimme.

Es ist eine prekäre Mischung, da wie dort, die das, was im Land geschieht, durchaus repräsentiert. Nie war Thüringen so gespalten wie heute. Nie stand die eine Hälfte der anderen unversöhnlicher gegenüber. Und nie trug eine Landesregierung mehr Verantwortung für das, was sich Gemeinwesen nennt.

1.12.2014

Schock

Wenn jemand stirbt, den man liebt, oder wenn ein schlimmer Unfall geschieht, dann reagiert der Mensch mit einem Schutzreflex, dem Schock. Er hilft, das Ärgste zu ertragen, irgendwie handlungsfähig zu bleiben.

Seit vorigem Freitag, 10.50 Uhr, befindet sich die Thüringer CDU im Schockzustand. Natürlich waren die Chancen dafür, dass Rot-Rot-Grün doch noch scheitern würde, sehr gering gewesen. Doch auch hier ist eben der Mensch so beschaffen: Er hofft bis zuletzt, trotz allem, auch wenn es vergeblich ist.

Man konnte im Landtag in Echtzeit beobachten, wie die Erkenntnis des Verlustes in dem Fraktionsblock, der immer noch der größte im Plenarsaal ist, langsam einzusickern begann. Manche Abgeordnete blickten versteinert, manche trotzig, manche drehten sich demonstrativ weg, um nur nicht hinsehen zu müssen.

Die Demütigung der CDU war die größtmögliche. Die Partei, die sie all die Jahre voller Genuss wie einen Paria behandelt hatte, klatschte, jubelte, feierte. Und vorne stand einer dieser Aussätzigen, und er war nun als der Ministerpräsident für den Weltfrieden. Die Mandela-Milde, mit der er die CDU übergoss, fühlte sich wie Säure an.

Dazu der Verrat. Das knappe Dutzend Abgeordnete, mit denen man fünf Jahre zusammenarbeitete, zwei Minister, mit denen man gemeinsam regierte: Sie stimmten und arbeiteten nun für Bodo Ramelow.

Und dann, weil dies noch nicht reichte, der Auftritt des AfD-Vorsitzenden Björn Höcke. „Halten Sie doch mal die Klappe", rief er den Linken zu, der Grünen Astrid Rothe-Beinlich empfahl er eine Psychotherapie – und die CDU forderte er auf, sich mal „von den Linken zu emanzipieren".

Der Geschichtslehrer Höcke, der sich sonst gerne so aufführt, als sei er der neue Heidegger, pöbelte wie auf einem Schulhof herum. Er zeigte der Union eindrücklich, mit wem sie es da in den nächsten Jahren zu tun haben wird.

Das Dilemma der CDU ist offenkundig. Will sie die knappe Mehrheit der Koalition ernsthaft austesten, muss sie sich mit der AfD zumindest absprechen. Doch tut sie dies, bringt sie sich in den Verdacht, eine spätere Koalition vorzubereiten, was aber wiederum noch längere Zeit als Tabu gelten dürfte. Der neueste Wirbel zeigt dies.

Man kann es nicht kleiner formulieren: Mit der Wahl von Ramelow zum Ministerpräsidenten hat eine neue Zeitrechnung für die größte Landespartei begonnen, die das Land 24 Jahre regierte und bis zuletzt meinte, es zu besitzen. Noch im Sommer hatte die selbst ernannte „Thüringenpartei" einen „Thüringenplan" auf einer „Thüringenversammlung" beschlossen.

Das Programm ist jetzt Altpapier, der Schmerz allumfassend. Die CDU-Bediensteten aus der Staatskanzlei, die Freitag Blumen und Sekt für Bodo Ramelow auffahren mussten, waren die ersten, die erfuhren, wie sich diese Ohnmacht anfühlt.

Und noch schützt ja der Schock. Noch konnte das alles nicht sacken. Doch jetzt muss die CDU in kürzester Zeit die Phasen der Trauerverarbeitung durchleben. Sie muss sich der Situation stellen, neu orientieren und dann wieder ins Gleichgewicht gelangen.

Doch dies geht bloß mit Geschlossenheit. Die CDU hat nur dann eine Chance auf die Rückkehr zur Macht, wenn sich die Männer an der Spitze endlich einigen, wenn sie es endlich schaffen, Frauen einzubinden und wenn sie endlich den Markenkern der Partei neu definieren.

Die Spiele, die man in der Jungen Union spielen konnte, sie sind vorbei. Jetzt hat der Ernst des Lebens begonnen. Er heißt Opposition.

8.12.2014

Uran und Urin

Am Wochenende fuhr ich dorthin, wo Thüringen zu Ende ist. Dabei kam ich durch ein kleines Dorf, in dem ich früher etliche Male gastierte, weil dort ein Freund aus jugendlicheren Tagen herstammt.

Zur Familie dieses Freundes gehören besonders liebenswerte, fleißige und lebenskluge Menschen. Der Vater züchtet seine Tauben, die Mutter macht die allerbeste Eeeiiieeerschmoalzbrüüh und Haus und Hof sehen immer picobello aus.

Also hielt ich an und klingelte. Ach, rief die Mutter, ist das aber eine Überraschung, ich hätte dich fast nicht erkannt, mit dem wenigen und grauen Haar. Wie geht es denn daheim, was machen die Kinder? Kommt doch mal wieder alle vorbei.

Natürlich fragte sie mich auch, was mich an diesem trüben Samstag hierhertrieb. Die CDU, antwortete ich, und erzählte ihr von dem Landesparteitag in ihrer Nähe, von Dieter Althaus, Christine Lieberknecht und Mike Mohring. Die Mutter und ihre Tochter, die dazu gekommen war, hörten höflich zu. Dies alles schien ihnen nicht allzu viel zu sagen.

„Wie ist denn eigentlich dieser Ramelow?“, fragten sie, wahrscheinlich, um irgendetwas zu fragen. Ich redete und redete, worauf die Mutter meinen Monolog mit dem Satz beendete: „Na, irgendjemand muss uns halt regieren.“

Dann sprachen wir wieder von den Kindern.

Während ich weiterfuhr zur Waldautobahn, durch die vielen Tunnel, zurück in die sogenannte Landeshauptstadt, fragte ich mich, was ich mich zuletzt oft frage: Nehmen wir uns in diesem kleinen politisch-medialen Betrieb zu wichtig?

Und wie immer antwortete ich mir selbst mit einem beschämten Ja.

Sie, liebe Leser, die das an dieser Stelle Geschriebene zuweilen konsumieren, könnten jetzt einwenden: Was, da kommt er jetzt erst drauf? Ausgerechnet er, der uns Tag um

Tag davon erzählt, wer mal wieder gegen wen intrigiert und der sich dabei, wenn er nur ehrlich wäre, ganz besonders wichtig nimmt?

Dies ist natürlich richtig. Fast jeden Tag erzähle ich von neuen Moritaten. Es ist meine Arbeit. Ich verrichte sie gerne und ja, ich finde sie relevant und nötig, auch wenn mir ab und zu ein Satz entgleitet.

Doch was ich – wieder einmal – sagen will, ist etwas anderes. Ich habe das Gefühl, dass sich die politische Selbstbeschäftigung und der zugehörige Zustand der Aufgeregtheit in den letzten Monaten verselbstständigt haben. Meist wird nur noch mit Schlagworten hantiert – mit Betonung auf Schlag. Je nach Standpunkt stehen auf der anderen Seite die Stasis und bestenfalls die Kommunisten oder eben die, die gemeinsam mit Nazis Fackeln oder heimlich das AfD-Abzeichen tragen.

Herr Scholz, mein alter, gestrenger Chemielehrer, würde es wohl wie folgt formulieren: Mit dem, was wirklich ist, hat dies so viel zu tun wie Uran mit Urin. Mag sein, dass auf Parteitagen demagogisiert wird, bis auch der Letzte klatscht. Und mag sein, dass im Internet ein paar Hundert Leute durch die Foren trollen und Kalter Krieg spielen. Doch dem Leben in diesem Land wird dies nicht gerecht.

Die Kriege, sie sind woanders, und sie sind schlimm genug. Hier jedoch befindet sich das Abendland nicht in Gefahr, weder in Dresden noch in Erfurt noch in Berlin. Trotz des Klimawandels liegt sogar etwas nasser Schnee auf dem Rennsteig. Und in zehn Tagen ist Weihnachten.

15.12.2014

Murks, bestenfalls

Jedwedes Vorhaben, auch das politische, hat drei Möglichkeiten des Verlaufs. Die erste ist, wenn alles glückt. Ein kluges und notwendiges Gesetz, ausfinanziert und ordentlich administriert: Dies ist der Traum jedes politisch tätigen Menschen, der sich nur selten erfüllt, obwohl fast jeder Minister oder Abgeordneter sein letztes Werk als Beispiel nennen würde.

Dann gibt es das Scheitern. Oft fängt es schon mit dem Gesetz an. Niemand, außer seinem Erfinder, braucht es, zumal es oft ideologisch aufgeladen ist. Dies führt dazu, dass es auch praktisch eher schlecht funktioniert. Irgendwann wird es abgeschafft, vom Gericht, einer neuen Regierung oder dem Leben. Wir sagen jetzt einfach mal: Betreuungsgeld.

Die dritte Möglichkeit ist, so wie im Privaten, mit Abstand die häufigste. Ja, das Ziel war gut und ambitioniert, nur leider wurde der Weg dahin nicht wirklich durchdacht – weshalb ständig neue Probleme auftauchen und man immer mehr Zeit, Geld oder beides benötigt. Doch weil man irgendwann so weit gekommen ist, dass eine Rückkehr noch teurer würde, monetär wie politisch, wurschtelt man sich halt zu dem mehr oder minder misslichen Ergebnis durch.

Damit sind wir bei der Gebietsreform in Thüringen. Jedem dürfte einsichtig sein, dass sich Dörfer mit ein paar Hundert Einwohnern nicht mehr selbst sinnvoll verwalten können. Auch fällt es Landkreisen mit 60.000 oder 70.000 Einwohnern immer schwerer, die nötigen Behörden fachgerecht auszustatten, von den kreisfreien Pleite-Städten wie Gera, Eisenach und Suhl ganz zu schweigen.

Ab 2004, zehn Jahre nach der letzten Gebietsreform, hätte hier deutlich nachgesteuert werden müssen, so wie es in Sachsen oder Mecklenburg-Vorpommern geschah. Doch die CDU, die erst alleine und dann mit der SPD regierte, verhindert eine grundsätzliche Neuordnung, wobei die Motivlage zwischen Überzeugung und Parteifilzpflege mäanderte.

Die freiwilligen Fusionen, die auf Gemeindeebene stattfanden, ergaben manchmal Sinn und manchmal nicht. Ein ordnender Gedanke fehlte.

Viel wertvolle Zeit verstrich, derweil immer neue Kommissionen immer neue Papiere vorlegten. Doch als schließlich Rot-Rot-Grün anfing, gab es keine Ausreden mehr: Auch wenn Linke, SPD und Grüne wenig Lust auf den ganzen Ärger hatten, mussten sie sich zu dem bekennen, was die über Dekaden gefordert hatten.

Also taten sie das, was gerne bei leidigen Pflichtaufgaben getan wird: Die Reform wurde an das Innenministerium und Arbeitsgruppen delegiert. Sollten die doch machen.

Das Problem ist nur, dass der Innenminister eher zufällig auf seinen Posten gelangte. Er ist ein kluger Verwaltungsjurist, der aber von ländlicher Kommunalpolitik wenig Ahnung hat und schon gar nicht davon, wie Mensch, Gemeinderat und Bürgermeister auf dem Dorf leben, denken und fühlen.

Das Problem ist auch, dass in den Arbeitsgruppen Abgeordnete und Beamte sitzen, die zwar mehr wissen, aber nicht den politischen Instinkt und die Raffinesse besitzen, Dinge so zu formulieren und zu kommunizieren, dass sie verstanden werden.

Und das Problem ist, dass sich der Ministerpräsident, der das vielleicht könnte, aus allem heraushält. Obwohl er einst tönte, dass erst die Aufgabenverteilung und die Verwaltungsreform geklärt werden müssten, um danach die Gebietsstrukturen daran auszurichten, lässt er die Dinge laufen.

Aus jetziger Sicht lässt sich feststellen, dass die Reform bestenfalls als Murks enden kann. Das, was zu den Gemeinden vorgelegt wurde, ist mindestens an der Stelle der Verwaltungsgemeinschaft grober Unfug. Und auch das, was man von der Kreisstruktur hört, lässt kaum auf Besserung hoffen.

Damit wachsen tatsächlich die Chancen, dass das Vorhaben ganz scheitert, vor dem Verfassungsgericht oder wegen eines Volksbegehrens. So etwas nennt sich schlechte Politik.
13.6.2016

....

Der Apparat und sein Überlebenstrieb

Der Mensch hat sich, seit er den Höhlen entfleuchte, schon in allerlei Formen der Selbstorganisation ausprobiert. Mal herrschte nur einer, wie in der Monarchie, mal waren es mehrere, wie in der Oligarchie, mal vorgeblich alle, was sich dann Demokratie nennt.

Es gibt noch allerlei, zumeist wenig attraktive Nebenerscheinungen, von der Tyrannei bis zur Diktatur des Proletariats. Platon dachte sich die Epistokratie aus, also die Regentschaft der Philosophen, was aber am Ende auch nur auf eine Art intellektueller Faschismus hinausgelaufen wäre. Selbst die Theokratie brachte uns nicht wirklich weiter, es sei denn, man pflegt eine Vorliebe für Scheiterhaufen.

Die wichtigste Herrschaftsform aber, das wissen wir von Asterix und Obelix, existiert spätestens seit dem Römischen Reich. Es ist die Bürokratie. Der einzig wahre Gebieter von jedem und allem sind die Beamten und Angestellten eines Staates, ganz egal, wer unter ihnen gerade so regiert.

Ohne sie sind Politiker nichts. Sie schreiben die Gesetze und Verordnungen, die, wenn überhaupt, nur ein kleiner Teil der Minister oder Abgeordneten halbwegs durchblickt. Oft tragen ihre bevorzugt unverständlichen Werke nicht nur merkwürdige Namen (CETA) und sind dicker als die Bibel (ESM), sondern gelten auch noch als geheim (TTIP).

Dabei sei nichts, wirklich nichts gegen den einzelnen Staatsbediensteten gesagt. Er ist entgegen den gängigen Klischees in aller Regel gut ausgebildet, dienstbeflissen und loyal.

Nein, die Bürokratie entfaltet ihre Macht in ihrer Gesamtheit. Der Apparat verselbstständigt sich. Er ist ein Staat im Staat, dessen Agenda nicht revolutionär, sondern evolutionär wirkt: Er versucht schlicht und einfach zu überleben.

Der Trieb zur Selbsterhaltung und Fortpflanzung wohnt jeder Verwaltung inne. Neue Aufgaben werden geboren, Formblätter vermehren sich, Projekte mutieren zu Arbeitsgruppen.

Wenn die Umweltbedingungen sich verändern, also zum Beispiel eine neue Regierung antritt, entwickelt der Apparat eine ungeheure Beharrungskraft. So entschied in Thüringen die neue Koalition von Rot-Rot-Grün aus schnöden Proporzgründen, die Ministerien völlig neu zuzuschneiden. Etliche Ressorts wurden aufgespaltet und neu zusammengesetzt.

Hunderte Bedienstete hätten deshalb zu ihrer neuen Ministerin und zu ihrem neuen Minister ziehen müssen. Nur: Die meisten taten es nicht. Eineinhalb Jahre, nachdem das Kabinett den großen Umzugsplan beriet, ist nur ein Bruchteil davon umgesetzt.

Inzwischen hat die Regierung aufgegeben. Wenn der Staatskanzleiminister seine Kulturabteilung besuchen will, fährt er eben durch die halbe Stadt, derweil die Bauministerin ein halbes Dutzend Außenstellen pflegt.

Der Staatskanzleichef leitet übrigens auch eine Arbeitsgruppe, welche die größte Verwaltungsreform aller Zeiten organisieren soll. Die Beamten haben ihren Ministern Pläne für das jeweilige Ressort erstellt, die sich praktischerweise komplett widersprechen. Statt wie gefordert Vorschläge zu erarbeiten, welche Aufgaben an die Kommunen abgegeben werden könnte, entwickelten sie Ideen, wie sich Dinge stärker zentralisieren lassen.

Auf den ersten Blick wirkt der Vorgang wie blanker Darwinismus. Jede Behörde versucht, auf Kosten der anderen größer zu werden. Doch in der Summe entsteht das, was dem Überleben aller nützt: die Blockade.

Es ist ja richtig: Ohne die Verwaltung würde wenig funktionieren. Das Beamtentum ist der Garant der staatlichen Ordnung.

Aber dies hat eben seinen Preis. Auch die verflossene Regierung hatte die größte Verwaltungsreform aller Zeiten geplant. Sie gründete eine Arbeitsgruppe, dann eine Expertenkommission und dann eine Regierungskommission. Am Ende kam Nullkommanix heraus.

Bekanntlich will nun diese Koalition vieles besser machen. Sagen wir es mal so: Die Zweifel wachsen.

26.9.2016

....

Das letzte Tabu

Neulich, am Wasser des parlamentarischen Innenhofs, die Sonne schien besonders sonnig, saßen der linke Staatskanzleiministerprofessor und der christdemokratische Doppelvorsitzende beisammen und gaben dabei ein in jeder Hinsicht vorzeigbares Bild ab. Alles harmonierte miteinander: die graziös-lässige Sitzhaltung, die ausgesuchte Kleiderordnung und natürlich die Ausstrahlung größtmöglicher Bedeutung.

Nun ist es dennoch so, dass Benjamin-Immanuel Hoff und Mike Mohring zwei Parteien angehören, die noch nie miteinander koaliert haben und dies auch keinesfalls planen. Denn selbst wenn sich gerade alles wild durcheinander paart, so gibt es doch ein letztes Tabu, an dem nicht gerührt wird: eine gemeinsame Regierung von CDU und Linke.

Oder? Gregor Gysi, der inzwischen zur wachsenden Kohorte mitteilsamer Politikpensionäre gehört, dachte kürzlich laut über ein schwarz-dunkelrotes Bündnis nach. „Die CDU muss jetzt noch nicht den Weg gehen", sagte er. „Aber sie und die Linken müssen sich Gedanken machen, dass sie ihn eines Tages gehen müssen." Alle müssten springen, von der Union bis zur Linken.

Zwar besitzt Gregor Gysi bekanntlich einen sprunghaften Geist, der es ihm ermöglicht, gleichzeitig so viele originelle Gedanken zu ventilieren, dass sie sich gelegentlich selbst widersprechen. Doch so fern von der Wirklichkeit sind seine Überlegungen nicht.

Was ist, wenn sich die AfD im Osten als deutscher Front National bei 20 Prozent festsetzt? Was ist, wenn es dann 2019 zu der Situation in Thüringen käme, an der die Beteiligten 2014 nur knapp vorbeischrammten, nämlich es weder für eine rot-rot-grüne noch eine schwarz-rote Koalition reicht? Und was ist, wenn es die Grünen nicht in den Landtag schafften?

Dann bliebe jenseits einer inkompatiblen AfD nicht einmal das neue Magdeburger Modell, also eine Koalition aus CDU, SPD und Grünen. Dann wäre nur noch die undenkbare Koalition denkbar.

Zugegeben, das waren jetzt ziemlich viele Konjunktive. Doch galt nicht eine grün-schwarze Regierung in Baden-Württemberg vor sechs, sieben Jahren ungefähr so wahrscheinlich wie ein explodierendes Atomkraftwerk in Japan oder der Rücktritt des Papstes? Eben.

Ansonsten kann man ja einfach mal überlegen, was, jenseits von Rhetorik und Regenbogenfahnen, am einzigen real regierenden Linke-Ministerpräsidenten sozialistischer ist als an seiner Amtsvorgängerin von der CDU. Ja, es gibt jetzt einige Bildungsurlaubstage und Gemeinschaftsschulen mehr, aber die hätte die verzweifelte Union der SPD in einer fortgesetzten Koalition genauso geschenkt wie die Gebietsreform, gegen die sie jetzt so mannhaft opponiert.

Nüchtern betrachtet spricht gegen eine CDU-Linke-Koalition in Thüringen vor allem, dass alle gegen sie sprechen würden. Das ist das Wesen von Tabus. Dabei können wir schon jetzt eines mit Gewissheit behaupten: Benjamin Hoff und Mike Mohring würden einer gemeinsamen Regierung gut stehen.

25.4.2016

Aufruhr, Angst, AfD

Vielleicht wäre vieles anders gekommen in Thüringen, wäre nicht im Jahr 2008 ein Lehrer für Geschichte und Sport mit seiner Familie aus dem hessischen Bad Sooden-Allendorf ein paar Kilometer weiter östlich gezogen, in das Eichsfeld-Dorf Bornhagen. So aber konnte Björn Höcke, als 2013 die AfD gegründet wurde, in den völlig chaotischen Thüringer Landesverband eintreten – und sich dort rasch durchsetzen. 2014 zog er mit der Partei in den Landtag ein, 2015 gründete er mit der „Erfurter Resolution" den „Flügel", mit dessen Hilfe er die Bundespartei von hinten führte.

Inzwischen ist die AfD eine starke, wenn nicht die stärkste politische Kraft in Ostdeutschland, was in Thüringen nach der Landtagswahl 2019 zur teilweisen politischen Selbstblockade führte. Die Partei funktioniert dabei wie ihre eigene Echokammer der Radikalisierung: Sie nimmt die Ängste, Ressentiments, Sorgen auf, verstärkt sie und gibt sie wieder zurück, um sie danach wieder aufzunehmen. Die demokratische Konkurrenz hat darauf noch keine Antwort gefunden. Sie schwankte lange zwischen inhaltlicher Anbiederung und pauschaler Verdammung. Der Mittelweg – klare Abgrenzung zur Partei, aber keine Ausgrenzung der Wähler – hat allerdings bislang ebenso wenig funktioniert.

Mobbing für Anfänger

Jeder Journalist, der etwas auf sich hält, und selbst wenn er der einzige ist auf diesem kreiselnden Staubkorn im Universum, hat in diesem Jahr mindestens 32-mal dieses Wort geschrieben. Also muss ich es auch tun, for the very first time (Robin Beck).

Pegida. Puh, jetzt ist es raus. Und noch mal: Pegida.

Nur leider fällt mir nix Gescheites dazu ein, jedenfalls nichts, was nicht schon mitgeteilt wäre. Zu der misslichen Angelegenheit gibt es ja mindestens ebenso viele Erklärungsansätze wie Sender, Blogs und Zeitungen. Im Quadrat.

Wenn ich das alles halbwegs richtig verstanden habe, lassen sich drei Interpretationslinien erkennen. Die eine besagt, dass dies alles verkappte Mittelstandnazis sind, die sich mit den offenen Nazis mischen und die endlich wieder die braune Sau rauslassen, die seit 1945 eingesperrt war. So in etwa lesen sich die Frontberichte von Linken, Grünen und Gewerkschaften.

Variante zwei vertreten die Verständnisheischenden. Ja, ja, sie mögen ja ein bisschen übertreiben, diese Pegidisten. Aber haben sie nicht recht, so insgesamt und generell? Wintermarkt statt Weihnachtsmann, Schwule statt Schule, Transgender statt Tradition: Hier demonstriert doch der gesunde Menschenverstand wider den politisch-medialen Komplex der politischen Korrektheit. Sagen jedenfalls die AfD, Werner Patzelt (das ist der neuzeitliche Spengler für Arme aus dem Fernsehen) und alles, was in den Internetforen das Wort Hass buchstabieren kann.

Variante drei ist die soziologisch aufgehübschte Version von Variante eins, verfeinert mit Adorno, Freud und einem kleinen, feigen Touch von Variante zwei. Hier wird studienunterfüttert und fußnotengeschwängert argumentiert, dass 29,83 Prozent unserer Gesellschaft ihre Wohlstandsverlustängste, Minderwertigkeitskomplexe und sonstigen Drecksfantasien in dieses Abendland projizieren, das, selbst wenn man nicht an Spengler glaubt, schon längst vor Verdun untergegangen ist.

Und ich? Variante eins ist mir zu billig. Die, die ständig vom Nazi rufen, tun nur zu gerne das, was sie den anderen so penetrant vorwerfen: Sie grenzen aus, und dies mit exakt denselben Methoden, Medienschelte inklusive. Variante zwei fällt auch aus. Schon mal Patzelt im Fernsehen gesehen oder gar dem AfD-Lehrer im thüringischen Landtag zugehört? Na also.

Bleibt Variante drei, die mittige Warmduscherposition, die politische Missionarsstellung. Das entspricht meiner Herkunft (studierte Eltern, Schulhof-Opfer, Larifari-Studium), meiner aktuellen sozialen Kohorte (Zwei-Kind-Familie, Gründerzeitmietwohnung, altersschwacher Kombi) und der „Lügenpresse"-Zugehörigkeit (dies, liebe ZGT GmbH, war selbstverständlich eine Lüge ...).

Jedoch, das Modell überzeugt mich auch nicht. Denn mal ehrlich: Wir alle könnten locker bei Pegida sein. Wir müssten nur die Tatsache ignorieren, dass wir, wenn das Staubkorn im Universum ein bisschen anders gekreiselt hätte, schon längt an Aids, Ebola oder einer Granate gestorben wären oder bestenfalls in einem dieser Boote vor Lampedusa säßen, das, drei Kilometer vor dem Ufer, mal eben untergeht.

Wir müssten bloß nicht mehr differenzieren, reflektieren, tolerieren, kanalisieren und analysieren und diesen ganzen anderen, anstrengenden Kram.

Wir müssten einfach das Nachdenken einstellen und das rausbrüllen, was immer schon mal rausmusste, so wie der Sperrmüll aus dem Keller.

Dann wären wir auch der Mob.

29.12.2014

Tröglitz ist nah

Erst trat der Bürgermeister zurück, der 40 Menschen Zuflucht geben wollte und deshalb angefeindet wurde. In der Nacht nach Karfreitag brannte der Dachstuhl eines gerade renovierten Hauses, in das die Asylbewerber einziehen sollten. Seit gestern erhält der Landrat, dem man mit Ermordung drohte, Polizeischutz.

Für all dies steht in diesen Tagen der Name der Gemeinde Tröglitz in Sachsen-Anhalt. Gewiss wird diese Verallgemeinerung den Menschen, die dort leben, nicht gerecht. Und gewiss finden sie in ihrer Mehrheit die Abfolge der Ereignisse ziemlich schrecklich oder zumindest unangemessen. Aber nur wenige von ihnen sagen es auch.

Die meisten schweigen, ob nun aus Bequemlichkeit, aus Angst oder aus Trotz gegenüber dem Urteil, das die veröffentlichte Meinung über sie gefällt hat. In den Internetforen, auf der Straße und in den Bürgerversammlungen dominieren deshalb jene, die alles Fremde ablehnen, die voller Hass sind und dumpfem Rassismus.

Was hat das mit uns zu tun? Alles. Tröglitz ist nah, in jeder denkbaren Hinsicht. Wer, nur zum Beispiel, von dem Ort die B 2 nach Süden nimmt und Zeitz rechts liegen lässt, erreicht bald die Landesgrenze zu Thüringen. Auf der B 92 geht es an Gera vorbei, bis man den Vorort Liebschwitz erreicht. Dort, in einer alten Schule, will die hiesige Landesregierung 200 Flüchtlinge unterbringen – was viele der 1500 Bewohner offenkundig ablehnen.

Ja, der Ortsbürgermeister ist noch im Amt und gebrannt hat es auch noch nicht. Aber natürlich wächst die Sorge, dass die Situation eskaliert, wenn die definitive Entscheidung für das Heim getroffen ist. In Suhl, wo mehr als 1000 Flüchtlinge leben und die von Rechtsextremen geführte Sügida-Bewegung demonstrierte, gab es bereits einen Brandanschlag.

Wir hatten das alles schon einmal, vor gut 20 Jahren, als das letzte Mal derart viele Menschen Asyl oder auch nur ihr Glück in Deutschland suchten. Die Tröglitzer von damals haben sich im Wortsinn in das kollektive Gedächtnis eingebrannt: Rostock-Lichtenhagen, Mölln, Hoyerswerda ...

Vieles kam zusammen, der Golfkrieg, der Zusammenbruch der Sowjetunion, die Verwerfungen nach der Wiedervereinigung. Die Politik reagierte ratlos; ja, der Bonner Koalition fiel nichts Besseres ein, als das Asylrecht zu verschärfen. Als danach – auch weil sich die Welt beruhigte – die Zahl der Flüchtlinge sank, wandte man sich wieder anderen Dingen zu.

Und dennoch, langsam veränderte sich etwas. Doppelte Staatsbürgerschaft, Greencard, ein erstes Zuwanderungsgesetz: Ausländer wurden immer häufiger willkommen geheißen, und sei es nur, um die Lücken zu füllen, die niedrige Geburtenrate und Abwanderung rissen. Irgendwann schien die Rückkehr zu dem unmöglich, was sich nach 1990 zugetragen hatte – zumal im Osten, wo es die meisten Anschläge gab, die Verhältnisse besser wurden. Die Arbeitslosigkeit fast auf Westniveau, die Infrastruktur zum Teil darüber, Einkommen und Renten steigend: Warum sollte man da noch Ausländer ablehnen, die zwei Prozent der Bevölkerung ausmachen?

Doch derlei rationale Erklärungen versagen in Debatten, die bevorzugt irrational geführt werden. Einmal abgesehen davon, dass der Aufbau Ost in Tröglitz und Liebschwitz immer noch nur bedingt zu spüren ist, wurden die Vorurteile mit allem aufgepäppelt, was gerade so in den Nachrichten lief: Terroranschläge in Paris, sogenannte Parallelgesellschaften in Köln oder das angebliche Verbot von Weihnachtsmärkten in Berlin. Etwa die Hälfte der hiesigen Bevölkerung will keine Muslime im Land, ein Fünftel hat gar grundsätzlich ein Problem mit Ausländern. So besagt es der Thüringen-Monitor Jahr um Jahr.

Wie soll man damit umgehen? Gewalttäter sind strafrechtlich zu verfolgen, Rassisten gesellschaftlich zu isolieren, das ist klar. Doch jenen, die mitlaufen und ihre Ängste auf jene projizieren, die sich nicht wehren können, muss man vor allem mit Geduld begegnen. Auch eine rot-rot-grüne Regierung kann sich ihr Volk nicht aussuchen. Sie hat zu erklären und aufzuklären – und darf sich keinesfalls in selbstgerechter Pose gefallen.

Das ändert aber nichts daran, dass wir nicht zurückweichen dürfen vor jenen, die in Tröglitz und anderswo das Wort führen wollen: nicht auf der Straße, nicht in den Gemeinderäten und nicht im Bundestag. Das zumindest sollten wir aus dem gelernt haben, was vor mehr als 20 Jahren passierte.

7.4.2015

Eislecken und andere Reflexe

Ausgerechnet die Stadt, die in geradezu schmerzhafter Weise die fatale Ambivalenz des deutschen Wesens repräsentiert. Die Stadt von Goethe, Liszt, Schiller, Bach, Herder, Nietzsche. Die Stadt, von der aus die NSDAP erstmals regierte. Die Stadt unterm Ettersberg.

Vieles spricht dafür, dass Weimar am vergangenen Freitag für einige sächsische, brandenburgische oder hiesige Rechtsextreme nicht mal eben auf dem Weg nach Erfurt lag, wo sie eigentlich demonstrieren wollten. So gezielt, wie Uwe Mundlos und Uwe Böhnhardt in den 1990er-Jahren mit braunen Uniformen in Buchenwald auftauchten, so gezielt griffen ihre geistigen Erben eine ungeschützte Gewerkschaftskundgebung in der sogenannten Klassikerstadt an.

Das Zeichen ist dasselbe, das damals die beiden Männer, die später den selbst ernannten Nationalsozialistischen Untergrund gründeten, setzen wollten: Wir schrecken vor nichts zurück, vor uns ist niemand sicher, auch nicht auf einem Marktplatz in der Mittagssonne.

Deshalb ist es auch egal, dass niemand ernsthaft verletzt wurde und dass alles nach fünf Minuten schon wieder vorbei war. Allein der Fakt, dass so etwas in dem Bundesland geschehen kann, aus dem der NSU kam, belegt, dass die rechtsextreme Gefahr nicht geringer geworden ist.

Was jedoch auch kaum kleiner wurde, ist die Hilflosigkeit der politischen Reaktion. Allein das Empörungsmanagement hat sich professionalisiert. Die Staatskanzlei zimmerte eilig eine parteiübergreifende Protestmitteilung der Regierungs- und Fraktionsspitzen (außer AfD) zusammen, die zu einem Gutteil daraus bestand, die Titel aller Beteiligten aufzuzählen.

Darüber hinaus forderten fast alle, vom linken Minister- bis zum christdemokratischen Landtagspräsidenten, das NPD-Verbot, wohl wissend, dass das laufende Verfahren vor großen Schwierigkeiten steht – und dass es selbst im Erfolgsfall wenig daran ändern dürfte, dass irgendwelche Neonazis irgendwo auftauchen können.

Ansonsten wird der Ur-Reflex der Linken, dass Staat und Polizei an allem Übel schuld sind, in keiner Weise durch die Tatsache beeinträchtigt, dass sie selbst jetzt diesen Staat regieren. So twitterte die Linke-Abgeordnete Katharina König, eine Veteranin des Straßenprotests, vom Demonstrationsgeschehen: „Für einen konsequenten Antifaschismus, der von der Straße ausgeht und sich weder auf Regierungen noch Polizei verlässt!"

Dass die Polizei im Zweifel der Gegner ist, diese These zog sich auch durch die anderen Botschaften Königs und des Linke-Abgeordneten Christian Schaft. Selbstverständlich erwähnten sie nirgendwo, dass auch Autonome Beamte angriffen und dass die Polizei zumindest in Erfurt die Lage jederzeit unter Kontrolle hatte. Opposition in der Koalition ist für diese Partei kein Widerspruch.

Ein besonders eindrückliches Beispiel mangelnder Selbstreflektion lieferte der SPD-Bundestagsabgeordnete Carsten Schneider, der in Weimar zu den Angegriffenen gehörte. Er schrieb im Internet: „Wann wacht endlich mal der eisleckende Rest dieses Landes auf und kommt aus seiner Biedermeierhaltung raus? Ist euer Land. Überlasst es nicht dem Mob. Nur shoppen und Landlust lesen könnte am Ende ein bisschen zu wenig sein."

Selbstverständlich ist der Schock, von dem Schneider in den Medien sprach, mehr als nachvollziehbar. Aber kann dies die Entschuldigung dafür sein, dass dem Biedermeierberufspolitiker nichts Besseres als selbstgerechte Wählerbeschimpfung einfiel?

Die offene Gesellschaft muss zusammenstehen gegen ihre Feinde, auf der Straße, in den Parlamenten, überall. Nur sind diese Feinde eben nicht die Polizisten, die am vorigen Wochenende für wenig Lohn ihren Kopf hinhalten durften. Und es sind auch nicht jene Menschen, die keine Lust darauf haben, sich eine Art von Antifaschismus verordnen zu lassen, dessen Toleranz genau dort aufhört, wo die Meinung des anderen beginnt.

4.5.2015

……………………

Der Angriff

Björn Höcke war Lehrer für Geschichte. Er belehrt gerne, das hat der AfD-Landesvorsteher mit mir gemeinsam. Als ich, es ist schon mehr als eineinhalb Jahre her, die damals chaotischen Zustände in seiner Partei ziemlich hart kommentierte, veröffentlichte er einen Brief an mich.

Eigentlich, schrieb er sinngemäß, sei ich doch kein so übler Kerl. Ich müsse nur an mir arbeiten. Es war eine Drei minus, mit Potenzial nach oben.

Ich traf mich mit ihm zum Interview. Es wurde eher ein Streitgespräch, unsere politischen Ansichten sind in großen

Teilen recht verschieden. Doch mir dünkte, als gebe es da einen an der Spitze der AfD, der in seinem Wesen zwar eigen ist, aber der differenziert denkt und sich selbst reflektiert. Das ist, zumal in der Politik, keine Selbstverständlichkeit.

Doch spätestens am Abend der Landtagswahl brach endgültig durch, was Höcke wohl immer gewesen war: ein Radikaler, ein Missionar. Er will Deutschland retten, darunter macht er es nicht. Sein Auftritt vor den Kameras hatte etwas beängstigend Surreales. „Das ist erst der Anfang", rief er. Nein, er schrie es.

Einige Tage darauf wollte ich von ihm wissen, was es eigentlich mit seiner Bekanntschaft zu Thorsten Heise auf sich habe, einem bekannten Neonazi in seiner Nachbarschaft. Heise würde in der NPD herumerzählen, dass man sich gut kenne und ähnliche politische Ansichten vertrete.

Es war eine Frage, nicht mehr als eine, wenn man Höckes Sprache benutzen würde, journalistische Pflichterfüllung. Schon war es aus. „Was so hoffnungsvoll begann, verliert sich nun im Banalen", schrieb er eine SMS an mich. (Ernsthaft.) Von nun an gebe es mich für ihn nicht mehr. Sechs, setzen.

Damals begann ich zu verstehen: Dieser Mann befindet sich auf einer Mission, in der er das deutsche Volk, diese verschworene Schicksalsgemeinschaft, retten will. Ob nun in Aufsätzen, Interviews oder Reden: Die Versatzstücke seiner Ideologie, die als Neue Rechte daherkommt, stammen aus dem wilhelminischen Kaiserreich und von den Nationalkonservativen der Weimarer Republik. Sie wurden später von den Nazis aufbereitet. Deshalb klingt auch alles so verdammt ähnlich.

Für diese Leute sind die demokratischen Regeln, wie übrigens ebenso bei den äußersten Linken, nur das Mittel zum Zweck. Das gilt auch für die Pressefreiheit. Die übelsten Angriffe auf die Medien, die angebliche „Systempresse", „Lügenpresse" und „Monopolpresse", sie kommen immer von ganz links und ganz rechts.

Höckes Klagen sind so heuchlerisch wie sein gesamter Auftritt. Er leidet unter den Attacken, die er förmlich auf sich zieht, und er breitet dieses Leiden überall aus, auf Pressekonferenzen, im Fernsehen, in Mitteilungen. Einerseits. Andererseits teilt er aus wie kein anderer: Seine Gegner sind „Volksverräter, „Lumpenpack“ und „Schmierfinken“ wie wir Journalisten.

Dass er sich auf Demonstrationen vom Begriff „Lügenpresse“ halbgar distanziert, während die durch ihn aufgeheizte Menge genau dieses Wort skandiert, ist typisch für sein Vorgehen. Sowieso nutzt Höcke, der sich gerne als Antipolitiker geriert, die schmutzigen Mechanismen des politischen Geschäfts. Nur so hat er als einziger der hiesigen AfD-Gründer alle Krisen überlebt, den Bundesvorsitzenden Bernd Lucke weggekämpft und drei Abgeordnete aus der Fraktion gemobbt. Jetzt will er auch an der neuen Chefin Frauke Petry vorbei.

Dies jedenfalls ist meine Meinung, die ich aus zweieinhalbjährigen Beobachtungen von Höcke und seiner Partei gewonnen habe. Sie muss nicht die Meinung anderer sein, und das ist auch völlig in Ordnung. Hat mir jemand den Auftrag erteilt, sie zu verkünden? Keineswegs. Ist das hier Teil einer Kampagne? Ach was. Gibt es außer den Gesetzen oder dem Pressekodex eine Richtlinie, an die ich mich beim Verfassen zu halten habe? Nö.

Medienkritik ist eine Selbstverständlichkeit, es gibt ja wahrlich viel zu kritisieren. Mal mangelt es an Genauigkeit, mal an Recherche, mal an Sachlichkeit. Und viel zu oft stimmt nicht einmal die Rechtschreibung.

Journalisten wie ich machen Fehler, in einer Tageszeitung sogar täglich, auch wenn wir wirklich versuchen, sie zu vermeiden. Jeder darf diese Fehler benennen und wir als Zeitung sollten dies zuallererst tun.

Am vergangenen Mittwoch jedoch stand Björn Höcke auf dem Erfurter Domplatz und arbeitete sich minutenlang an einem meiner Kollegen ab. Mehrfach rief er anklagend den Namen des Redakteurs in den Nachthimmel, nur weil dieser formuliert hatte, dass die AfD aufmarschiere. Fast 5000 Menschen johlten, wieder wurde „Lügenpresse" skandiert.

Nein, das war keine Medienkritik, was da der Vorsitzende einer Fraktion im Thüringer Landtag betrieb.

Das war ein Angriff auf die Freiheit der Presse in diesem Land.

26.10.2015

Die Revolution

Wer das Werk und Wirken des thüringischen AfD-Vorsitzenden Björn Höcke beobachtet, der konnte im vergangenen Jahr gut nachverfolgen, wie seine Rhetorik kontrolliert eskalierte und wie er damit immer mehr von seiner Mission preisgab, auf der er sich seit etlichen Jahren wähnt.

Den Ton setzte seine Erfurter Resolution im März. Darin warf Höcke der AfD-Bundesführung vor, sich an den sogenannten etablierten Politikbetrieb anzubiedern, der „Verrat an den Interessen unseres Landes" begehe. Die Partei dürfe sich nicht von „bürgerlichen Protestbewegungen" wie Pegida distanzieren, sondern müsse sich zu einer „Widerstandsbewegung gegen die weitere Aushöhlung der Souveränität und der Identität Deutschlands" entwickeln.

Die Deklaration des selbst ernannten Flügels der AfD, hinter dem das neurechte Institut für Staatspolitik und Gruppen wie die Patriotische Plattform stehen, fasst das Programm einer neuen konservativen Revolution zusammen, die Höcke anführen will. Nach dem Vorbild der völkischen Reaktion nach dem Ersten Weltkrieg versucht er eine Bewegung zu formen, deren Dreifaltigkeit die Begriffe Identität, Nation und Volk sind und die Deutschlands angeblich zerstörte Größe restaurieren will.

Es dauerte ein gutes Vierteljahr, dann war Bernd Lucke politisch erledigt und mit ihm das Parteiausschlussverfahren, das dieser gegen den Thüringer Landeschef angestrengt hatte. Die neue Bundesvorsitzende Frauke Petry schloss ein Zweckbündnis mit Höcke, dessen begrenzte Haltbarkeit beiden bewusst war. Er sieht in ihr eine Karrieristin und sie in ihm eine Gefahr für ihre Ambitionen. Denn jetzt ging es erst richtig los. Anfang September schrieb Höcke: „Unserer Republik steht zweifellos ein heißer Herbst bevor. Ich habe das Gefühl, dass die gegenwärtige Völkerwanderung Erschütterungen nach sich zieht, die uns aus einem jahrzehntewährenden Dämmerzustand wachrütteln werden."

Und weiter: „Nun werden auch für den durchschnittlichen Gewohnheitsmenschen unserer Wohlfühlrepublik die Folgen des Versagens der politischen Klasse konkret erfahrbar. Das weitet die Spielräume der Gestaltungsmenschen, also unsere."

Zwei Woche später fand die erste, noch überschaubare Demonstration statt. Es folgten Großveranstaltungen mit mehr als 5000 Menschen in Erfurt oder Magdeburg, in denen sich Höcke endgültig als das präsentierte, was er ist: ein massentauglicher Demagoge mit 1000-Jahre-Deutschland-Agenda.

Dabei war die live bei Günther Jauch übertragene Radikalisierung eigentlich eine politische Häutung. Höcke sieht sich als politischer Messias, der das Abendland vor seinem endgültigen Untergang retten will.

Als in Frankreich der Front National triumphierte, teilte Höcke mit: „Für unsere Vaterländer, für unser gemeinsames europäisches Haus geht es in dieser historischen Wendezeit um Sein oder Nichtsein. Die in- und ausländischen Altparteien stehen auf der Seite des Nichtseins. Unsere Verbündeten stehen auf der Seite des Seins. Wir gratulieren Marine Le Pen zu ihrem überragenden Wahlerfolg."

Höckes These vom „afrikanischen Ausbreitungstyp", der nun auf den „europäischen Platzhaltertyp" treffe, zeigt die rassistisch konnotierte Logik, auf der sein Denken basiert. Es geht ihm um die Rückkehr zum Jus sanguinis. Nur das Blutrecht definiert, was, um es mit dem AfD-Vorsteher zu formulieren, schön deutsch ist. Der Rest darf sich bestenfalls assimilieren.

Jetzt ist es an Frauke Petry, wie einst Lucke Besen, Besen, seids gewesen aufzusagen. In diesem Jahr dürfte sich entscheiden, ob es das Vehikel namens AfD, das die neue, zunehmend radikale Rechte für ihre demokratische Legitimation und Finanzierung benutzt, endgültig zerreißt oder ob dem „Gestaltungsmenschen" Höcke die letzte Häutung zum Führer seiner Widerstandsbewegung gelingt.

Für ihn hat die Revolution gerade erst begonnen.

4.1.2016

Der Fehler

Vorige Woche gingen in Jena um die 2500 Menschen auf die Straße, um dagegen zu demonstrieren, dass etwa 700 andere Menschen demonstrierten. Die Mehrheit ist der Meinung, dass man den Flüchtlingen und Migranten, um die freundliche Frau aus dem Kanzleramt zu zitieren, ein freundliches Gesicht zeigen sollte. Die Minderheit findet, dass man alle Grenzen schließen muss, und zwar sofort.

Nun ist es so, dass diese demonstrierende Minderheit anderswo, in Erfurt zum Beispiel, die Mehrheit auf der Straße darstellt. Dass es sich in Jena andersherum verhält, hat insbesondere damit zu tun, dass hier 25.000 Studenten leben, aber auch damit, dass eine starke linke Szene existiert.

So weit, so normal. In einer Demokratie muss der Meinungsstreit auch auf der Straße ausgetragen werden können, so steht es im Grundgesetz. Schwierig wird es nur, wenn Parteien das Versammlungsrecht für sich reklamieren, die dieses Grundgesetz bekämpfen, die in Haltung, Auftreten und Tun Verfassungsfeinde sind, ja, die eigentlich verboten gehörten.

Dann mag das gerechtfertigt sein, was sich ziviler Ungehorsam nennt. Dann haben die Bürger eine politisch-moralische Begründung dafür, mit friedlichen Mitteln zu versuchen, den Aufmarsch zu erschweren oder zu verhindern, so rechtlich umstritten dies auch ist. Dann gilt null Toleranz.

Doch die Partei, die sich selbst Alternative für Deutschland nennt, ist ganz überwiegend nicht verfassungsfeindlich. Dass Rechtsextreme auf ihren Veranstaltungen auftauchen, von denen sich die Parteioberen zuweilen nur halbherzig distanzieren, ändert nichts an diesem Befund. Selbst dass einzelne Politiker völkisch argumentieren und sich als parlamentarische Vertreter einer neuen, teils radikalen Rechten gerieren, macht die Partei noch nicht zur neuen NPD.

Dass die AfD Ängste schürt, Vorurteile verstärkt und Stimmungen anheizt, muss benannt werden, genauso wie die Tatsache, dass diese Partei, die weder echte Strukturen noch ein Programm besitzt, kaum praktikable Lösungen anbietet. Die AfD kanalisiert nur den Protest und verstärkt ihn bis zur Hysterie.

Doch insofern erfüllt sie auch eine Funktion. Sie zeigt, dass sich ein Teil der Bevölkerung durch die anderen Parteien nicht mehr vertreten fühlt.

Denn egal, wie man die Flüchtlingskrise analysiert, und egal, wo man politisch steht, so muss man doch zugeben, dass Staat, Behörden und Parteien zurzeit überfordert wirken. Zwar wäre es schön, wenn wir dies hübsch abgewogen, aufgeklärt und angstfrei debattieren könnten. Aber so funktionieren Menschen leider nicht.

Deshalb ist das, was in Jena geschah, in seiner Wirkung so ambivalent. Es ist gut, dass in der Stadt, aus der der NSU kam, eine aktive gesellschaftliche Mehrheit gegen Populisten existiert, die Fremdenfeindlichkeit wenigstens indirekt bedienen. Doch es ist fatal, dass diese Mehrheit der Minderheit ihr Grundrecht streitig macht und ihre Demonstration verhindert – einmal ganz abgesehen davon, dass von einigen wenigen sogar Steine und Flaschen geworfen wurden.

Hinzu kommt, dass es die falsche politische Strategie ist. Gerade die Linke, die lange als Paria galt und doch jetzt den Ministerpräsidenten stellt, müsste wissen, dass Ausgrenzung gar nichts bringt. Wer die Intoleranz der AfD mit ebenso undifferenzierter Intoleranz beantwortet, handelt nicht nur politisch fragwürdig. Er begeht auch einen großen Fehler.

Vor einem Jahr stand die AfD kurz vor ihrer Implosion. Ihr wichtigstes Thema, der Euro, war ihr abhandengekommen, weil die Eurokrise in der öffentlichen Wahrnehmung eine Pause einlegte. Die Partei zerlegte sich und rangierte in den Umfragen fast schon unter Sonstiges.

Dann kamen die Flüchtlinge. Jetzt ist die AfD zweistellig in den Umfragen, ein Scheinriese, aufgepumpt mit heißer, muffig riechender Luft. Doch sie wird nicht dadurch wieder zum Zwerg, weil man ihre Demonstrationen behindert oder ihr den Zugang zu Fernsehdebatten verweigert. Nein, sie wird dadurch bloß noch größer.

Die Partei fiele erst dann wieder in sich zusammen, wenn die Regierenden die drängenden Fragen nicht nur diskutierten, sondern sie auch schlüssig beantworteten und wenn sie es dann sogar noch schafften, die Menschen, die sie ja zumeist gewählt haben, davon zu überzeugen. Dies mag leicht gesagt und schwergetan sein. Aber die Alternative heißt AfD.

25.1.2016

Kemmerich und andere Katastrophen

Die gar merkwürdige Geschichte, wie der FDP-Politiker Thomas Kemmerich am 5. Februar 2020 zum Ministerpräsidenten des Freistaats gewählt wurde, habe ich an anderer Stelle ausführlicher erzählt. Im Rückblick erstaunt immer noch, mit welch schlafwandlerischer Sicherheit die meisten Beteiligten in eine Situation hineinstolperten, die viel zu groß für sie war.

Was auch erstaunt: Der Mann, der sich zum Regierungschef wählen ließ, ohne eine Regierung zu haben, machte nach seinem Rücktritt einfach so weiter, als sei nichts geschehen – wobei er aber auch nur wieder für die größeren Teile des kleinen thüringischen Politikbetriebs steht.

Plopp

Ich wage es ja gar nicht zu sagen, aber bis in mein Teenageralter hinein hatten wir daheim keinen Fernseher, weshalb ich, nachdem Jules Verne und „Die Söhne der großen Bärin" dreifach ausgelesen waren, einfach das konsumierte, was in den Bücherregalen meiner Eltern herumstand, unabhängig davon, ob ich etwas davon begriff. Fernsehen, vor allem Westfernsehen, gab es bei Verwandten und daheim bei den Jungs, die ich, in verzweifeltem Optimismus, als meine Freunde bezeichnen wollte.

Wir schauten „Peter Pan", „Colt Seavers" und „Knight Rider", oder die üblichen Nachmittagsshows für Kinder. Im ZDF war – natürlich insgeheim – „1,2 oder 3" meine Lieblingssendung, die auf dem Kinderkanal bis heute durchzuhalten scheint. Der damalige Moderator war der einstige Eiskunstläufer Michael Schanze, der es später mit Singen und Schauspielern ausprobiert hatte, und den ich, auch insgeheim, besonders nett fand.

Das Ganze war eigentlich bloß ein Quiz zum Hüpfen. Es gab eine Wissensfrage und dann mussten sich die angereisten Schulklassen zwischen drei Lichtfeldern entscheiden. Der Dramatik halber blinkte es ganz aufgeregt, während die Kinder ebenso aufgeregt herumliefen und Schanze sagte: „1, 2 oder 3 ... Du musst Dich entscheiden, 3 Felder sind frei ...".

Nachdem er rief, „Aufgepasst auf mein Plopp, denn Plopp heißt Stopp", nahmen die Schüler ihre finale Position ein und Schanze erzeugte mittels Fingerschnippen aus der Mundhöhle das Plopp-Geräusch. Es folgten der Satz „Ob ihr recht habt oder nicht, sagt euch gleich das Licht", Auflösung und Punkteverteilung.

Das Schöne an dem Spiel war, zu sehen, wie sich die Kinder beim Herumhüpfen gegenseitig beobachteten, um herauszufinden, wie sich die Mehrheit entscheiden würde. Denn die Mehrheit, so funktioniert ja auch der Publikumsjoker bei Günther Jauch, hat nicht immer, aber doch des Öfteren mal recht. Oder gar nicht.

Nun ist eine demokratische Wahl in einem deutschen Bundesland keine Quizshow, sondern eine ernste Angelegenheit. Aber dennoch ist es so, dass es an diesem Sonntag, um 18 Uhr, in Thüringen nach einigem Wählergehüpfe und Umfragengeblinke ganz laut Plopp machen wird. Danach sollten wir wissen, wie sich die vielleicht 1,2 oder 1,4 Millionen Menschen, die sich an der Landtagswahl beteiligen, sortiert haben. 1, 2 oder 3?

Variante 1: Es reicht noch einmal knapp für eine Mehrheit von Linke, SPD und Grünen. Voraussetzung dafür ist wohl, dass es die FDP nicht in den Landtag schafft; dann würden Rot-Rot-Grün wie vor fünf Jahren 46 Prozent der Zweitstimmen reichen.

In diesem Fall, und das ist keine Meinung, sondern eine Feststellung, dürfte alles eher leicht voran gehen. Noch am Wahlabend würden sich alle drei Parteien, in Kongruenz zu ihren Wahlaussagen, grundsätzlich zur Fortsetzung der gemeinsamen Regierung bekennen – was aber nicht unbedingt bedeutet, dass die Koalitionsverhandlungen kurz ausfallen. Wie 2014 werden vor allem die Grünen allerlei Extrawünsche haben, für den Klimaschutz, den Weltfrieden und ein richtig großes Umweltministerium.

Deutlich komplizierter wäre Variante 2: Es reicht nicht für Rot-Rot-Grün – aber stattdessen für ein Bündnis von CDU, SPD, Grünen und FDP. Eine solche Viererkombination hat es noch nicht in Deutschland gegeben. Wenn man es, wie es modisch geworden ist, flaggentechnisch ausdrücken will, addieren sich Kenia und Jamaika zu Simbabwe oder Ghana.

Wahrscheinlich werden sich auch hier – mangels Alternative, die nicht AfD heißt – die Beteiligten am Ende irgendwie zusammenraufen. Aber es könnte nicht schön anzusehen sein. Es wären sehr viele schwierige Fragen zu beantworten, inhaltliche, persönliche, machtpolitische, ohne dass aus der jetzigen Sicht Antworten absehbar sind.

Und dann ist da noch Variante 3: Es gibt keine Mehrheit, weder unter linker noch unter christdemokratischer Führung, die nicht die AfD inkludiert oder auf ein von beiden Seiten ausgeschlossenes CDU-Linke-Bündnis hinausläuft. Dann wird Bodo Ramelow, geschäftsführend, so lange Ministerpräsident bleiben, bis sich irgendeine Minderheitsregierung mit irgendeiner bisher ausgeschlossenen Tolerierungsvariante gefunden hat, mit wem auch immer an der Spitze.

Auf eine Neuwahl des Landtags jedenfalls werden die gerade gewählten Abgeordneten, die ja darüber zu entscheiden hätten, eher wenig Lust haben. Denn der nächste Plopp könnte ohrenbetäubend sein.

22.10.2019

Mit gebrochenen Flügeln

„Blackbird fly, blackbird fly, into the light of a dark black night." Amsel flieg, in das Licht der dunklen, schwarzen Nacht.

Es war in der dunklen, schwarzen Nacht des vergangenen Sonntags, als auf einer Terrasse in der Erfurter Innenstadt die Band mit dem in diesem Moment so passend erscheinenden Namen „Rest of best" das schöntraurige Lied der Beatles von der Amsel anstimmte: „Nimm diese gebrochenen Flügel und lerne zu fliegen."

Die Band stand neben dem Mann, der Jahre, nein: Jahrzehnte auf diesen Abend hingearbeitet hatte. Mike Mohring wollte Ministerpräsident werden, unbedingt. Stattdessen führte er seine Thüringer CDU in eine der schwersten Niederlagen ihrer Geschichte, nur vergleichbar mit dem Desaster unter Dieter Althaus im Katastrophenjahr 2009.

Nun saß er hier, auf der Terrasse, hinter sich die erleuchtete Silhouette des Doms, abgeschirmt von Freunden, Parteikollegen, Weggefährten, die versuchten, ihn irgendwie zu trösten und nebenbei sich gleich mit. Der Mann, der erst vor wenigen Monaten den Krebs für besiegt erklärt hatte, durchlitt gerade die schwerste politische Niederlage seines Lebens.

Ob ihm die Krankheitserfahrung dabei half? Mohring hatte vor der Wahl immer wieder davon erzählt, wie viel demütiger er geworden sei. „Ich sehe die Dinge gelassener", sagte er. Nun, in dieser Nacht, begann der ultimative Test dieser Ansage.

Nachdem das Lied von der Amsel verklungen war, stellte sich Mohring doch noch zu den Journalisten, mit denen er zuvor nicht hatte reden wollen. Er probierte, im Vertrauen des Hintergrundgesprächs, die Sätze aus, die er am nächsten Morgen in der Hauptstadt vor der Präsidiumssitzung der CDU öffentlich sagen würde.

Und diese Sätze hatten es in sich. „Die CDU in Thüringen ist bereit für Verantwortung, wie auch immer die aussehen kann und sollte", sagte er in Berlin. „Deswegen muss man bereit sein, nach diesem Wahlergebnis auch Gespräche zu führen. Ohne was auszuschließen, aber in Ruhe und Besonnenheit." Und dies, sagte er, werde allein in Thüringen entschieden. „Mir sind stabile Verhältnisse wichtiger für das Land, als dass es nur um parteipolitische Interessen geht."

Damit hat der Flug des Mike Mohring ins Ungewisse begonnen: ein Flug mit gebrochenen Flügeln, in dem Turbulenzen garantiert sind und letztendlich auch der finale Absturz möglich erscheint. Doch erst einmal muss er überhaupt in der Luft bleiben. Er muss die Ämter und die Kontrolle über die eigene Landespartei behalten. Und er muss, so pathetisch dies klingen mag, das Richtige für Thüringen tun.

Und das Richtige ist: Die CDU sollte in dieser außerordentlichen Lage, in der sich keinerlei realistische Mehrheit im Landtag anbietet, in Gespräche mit der Linken gehen – selbst wenn diese Gespräche am Ende zu keinem substanziellen Ergebnis führen sollten.

Die Alternativen wären die demokratische Totalverweigerung – oder die selbst ernannte Alternative namens AfD. Beides wurde gestern von namhaften hiesigen CDU-Mitgliedern gefordert.

Doch beides ist falsch. Mehr noch: Es ist verantwortungslos.

Erst das Land, dann die Partei, dann die Person: Bernhard Vogel wiederholte am Montag sein altes Mantra, das viel zu oft von den Falschen zu den falschen Gelegenheiten aufgesagt wird.

Doch zu diesem Moment der thüringischen Geschichte passt es.

Niemand, selbst die Linke nicht, erwartet das Ja der CDU für eine dunkelrot-schwarze Koalition. Ein solcher Schritt bedeutete den Bruch eines eindeutigen Wahlversprechens und eines gültigen Parteitagsbeschlusses. Und ein solcher Schritt würde, falls die Linke überhaupt mitmachte, die Union zerreißen und zu keinem sinnvollen Regierungshandeln führen.

Das einzige Zugeständnis, das zurzeit möglich erscheint, wäre für die CDU noch schwierig genug. Sie müsste, durch Enthaltung oder Abwesenheit, die Wiederwahl des linken Ministerpräsidenten im dritten Wahlgang ermöglichen, in dem eine einfache Mehrheit der abgegebenen Stimmen reicht.

Dann könnte Bodo Ramelow eine rot-rot-grüne Minderheitsregierung bilden, die für alles, was sie gesetzlich vorhat, um die Zustimmung von CDU und FDP bitten muss. Zumindest in den ersten Monaten ließe sich das sogar noch relativ entspannt einüben, da der Haushalt für das kommende Jahr bereits verabschiedet ist.

Fly, Blackbird, fly ...

28.10.2019

Es geschah an einem Oktobertag

Es war vor zehn Jahren, am 30. Oktober 2009, als Christine Lieberknecht im Landtag für das Amt der Ministerpräsidentin kandidierte. Hinter ihr lag ein zweimonatiges Drama mit Intrigen, Kabalen und Wendungen, wie es sich ein neuzeitlicher Shakespeare nicht grotesker hätte ausdenken können.

Der CDU waren, dies erinnert an aktuelle Geschehnisse, etwa zwölf Prozentpunkte bei der Landtagswahl abhandengekommen. Die Dekade des Absolutismus endete, die selbst ernannte Thüringenpartei benötigte einen Koalitionspartner – und das konnte, rechnerisch wie politisch, nur die SPD sein.

Doch die Sozialdemokraten, insbesondere jene an der Basis, tendierten zu Linken und Grünen. Schließlich reichte es auch für eine rot-rot-grüne Mehrheit. Das Problem war nur, dass die SPD eine Regierung unter einem linken Ministerpräsidenten ausgeschlossen hatte und dass die Linke wieder deutlich vor ihr gelandet war.

Dies führte in den Sondierungsgesprächen zu den merkwürdigsten Verrenkungen. Der Linke Bodo Ramelow verzichtete auf das Amt, sagte aber, dass es auch nicht SPD-Chef Christoph Matschie werden dürfe, worauf wackere Sozialdemokraten wie Gesine Schwan oder, auch das ist eine hübsche Parallele ins Jetzt, ein gewisser Wolfgang Tiefensee für den Regierungsvorsitz gehandelt wurden.

Die CDU versank derweil im Chaos. Ministerpräsident Dieter Althaus trat zurück und kehrte wieder, derweil sich Mike Mohring und Christine Lieberknecht wie die Diadochen fetzten. Am Ende setzte sich Lieberknecht durch, übernahm den Parteivorsitz und führte die Verhandlungen mit der SPD mit einer simplen Strategie: Sie gab der geschätzten Sozialdemokratie fast alles, was sie wollte.

Die SPD-Spitze hatte damit zwischen einer rot-rot-grünen Experimentieranordnung nebst Import-Ministerpräsidenten oder einer Wohlfühlkoalition unter Lieberknecht zu wählen. Zumindest jenen, die Ämter besetzen durften, fiel die Entscheidung leicht.

Und so stand an jenem grauen Oktobermorgen vor zehn Jahren die Wahl des Ministerpräsidenten auf der Tagesordnung. Einzige Kandidatin war Lieberknecht, zur Koalition aus CDU und SPD gehörten 48 Abgeordnete.

Das wirkte in Anbetracht von 88 Landtagsmitgliedern wie eine stabile Mehrheit. Doch im ersten geheimen Wahlgang kam Lieberknecht nur auf 44 Ja-Stimmen, das war eine zu wenig. Im zweiten Versuch wiederholte sich die Pleite. Es musste, dafür sprach jedenfalls alle Logik, mindesten vier Abweichler bei CDU oder SPD geben, wobei die Betonung auf CDU lag.

So etwas hatte es so noch nicht in Thüringen gegeben – war aber freundlicherweise in der klugen Landesverfassung vorbeugend eingepreist. Dort steht in Artikel 70, Absatz 3: „Der Ministerpräsident wird vom Landtag mit der Mehrheit seiner Mitglieder ohne Aussprache in geheimer Abstimmung gewählt. Erhält im ersten Wahlgang niemand diese Mehrheit, so findet ein neuer Wahlgang statt. Kommt die Wahl auch im zweiten Wahlgang nicht zustande, so ist gewählt, wer in einem weiteren Wahlgang die meisten Stimmen erhält."

Das heißt, Lieberknecht genügte im dritten Versuch die relative Mehrheit der Stimmen. Dabei, so stellte es jedenfalls später der Verfassungsrechtler Martin Morlok fest, sei es völlig egal, ob es vielleicht mehr Nein-Stimmen oder Enthaltungen gibt: „Die meisten Stimmen" heiße die meisten Ja-Stimmen – und nichts anderes.

An dieser Stelle entschied sich Bodo Ramelow spontan. Er trat gegen Lieberknecht an, wohl wissend, dass er keine Mehrheit bekommen würde – Lieberknecht aber umso eher. Denn nun stimmten CDU, SPD und sogar die FDP geschlossen für die CDU-Kandidatin, die nun 55 Stimmen hatte.

Warum das alles von Bedeutung ist? Weil, in einigen Wochen oder Monaten, der Landtag auf diese Weise den nächsten Ministerpräsidenten wählen dürfte, im dritten Wahlgang, mit wie vielen Stimmen auch immer. In einem Land ohne politisch realisierbare Mehrheiten ist dies der wahrscheinlichste Weg in eine Minderheitsregierung.

Dann könnte also Mike Mohring, der seit 2014 CDU-Chef ist, gegen Ramelow antreten, der seitdem als Ministerpräsident amtiert. Vielleicht lässt er es als Wahlverlierer aber auch lieber.

Christine Lieberknecht wird nicht mit abstimmen. Sie verlässt nach 28 Jahren den Landtag. Wer sie kennt, darf getrost mutmaßen, wem sie das Ministerpräsidentenamt wünscht.

5.11.2019

Wundertüte Thüringen

Ja, es gibt sie noch, die Wundertüte. Im Internet finden sich allerlei Angebote, in verschiedenen Preislagen, sogar für Erwachsene. Natürlich braucht so eine Tüte niemand, aber ihr dezenter Charme ist zumindest teilweise nachvollziehbar: Gerade weil man nicht wirklich weiß, was sich darin befindet, will man sie haben.

Über die thüringische Landespolitik, die politische Wundertüte der Republik, lässt sich das nicht unbedingt behaupten. Das schon längst nicht mehr geneigte Publikum erwartet mit einer unguten Mischung aus Ratlosigkeit und Frust die Öffnung des kunterbunten Behältnisses, aus dem, das ist jedenfalls die zarte Hoffnung, ein wie auch immer gefärbter Ministerpräsident springen soll.

Selbst die Beteiligten des obskuren Vorgangs, also die Parteifunktionäre, Minister und Abgeordneten, wissen nicht, was am Mittwoch im Parlament passieren wird. Vor allem der dritte Wahlgang gilt als Rätsel, für das nicht nur unstudierte Politiker, sondern auch habilitierte Rechtsprofessoren keine konsensfähige Lösung besitzen.

Vielleicht ist es gut, sich noch einmal zu vergegenwärtigen, was in diesem Land überhaupt noch als halbwegs sicher gilt. Als gewiss erscheint zum Beispiel, dass sich der Landtag am Mittwoch um 11 Uhr zur Sondersitzung versammelt und dass ausnahmsweise alle 90 Abgeordneten erscheinen.

Dann wird der Tagesordnungspunkt 1 aufgerufen, die „Wahl des Ministerpräsidenten des Freistaats Thüringen“. Es gibt zwei Vorschläge, die fristgemäß bis Montag, 11 Uhr, bei der Landtagspräsidentin eingereicht wurden.

Der eine Bewerber, das war nicht anders zu erwarten, ist der geschäftsführende Regierungschef Bodo Ramelow von der Linken. Unterstützt wird er von seiner Fraktion, der SPD und den Grünen, wobei auch ansonsten alles seine Ordnung hat:

Ein Koalitionsvertrag nebst Ressortverteilung ist von den Landesparteien abgenickt.

Es gibt nur ein kleines, klitzekleines Problem. Oder genauer: Es gibt vier. Vier Abgeordnete fehlen zur Mehrheit von 46 Stimmen. Denn da – jetzt bitte aufpassen – die CDU und FDP zwar gerne mit SPD und Grünen regieren würden, aber keinesfalls mit der Linken, SPD und Grüne wiederum nicht mit CDU und FDP koalieren möchten, soll nun eine rot-rot-grüne Minderheitsregierung gebildet werden. Alles klar soweit?

Denn erst jetzt wird ja die Wahl zur Wundertüte. Es gibt einen zweiten Kandidaten. Er heißt, das war so eher weniger zu erwarten, Christoph Kindervater und ist Bürgermeister des kleinen, ziemlich armen Dorfes Sundhausen, in dem laut Landesamt für Statistik 354 Menschen wohnen. Er gehört keiner Partei an, kandidierte erfolglos für die CDU für den Kreistag und findet, dass es, oh Wunder, eine schöne und sogar ziemlich solide Mehrheit gegen Ramelow gibt. Man müsse sie, hallo!, nur nutzen.

Rein rechnerisch hat der Bürgermeister ja recht. In den Fraktionen von AfD, CDU, FDP sitzen insgesamt 48 Abgeordnete, das sind, wenn Sie jetzt bitte alle mitgerechnet haben, sogar zwei mehr, als für eine absolute Mehrheit nötig sind.

Aber aus Gründen, die der Mann aus Sundhausen ganz und gar nicht verstehen kann, finden CDU und FDP, dass mit dem Rechtsextremisten Björn Höcke und seiner AfD-Fraktion kein Freistaat zu machen ist. Die beiden Parteien sind damit die Erfinder dieser ganz speziellen Wundertüte: Denn sie sorgen wohl dafür, dass es keine absolute Mehrheit in den beiden Wahlgängen gibt.

Aber Thüringen wäre nicht so wunderbar, wie es unbestreitbar ist, gäbe es nicht noch den dritten Wahlgang, in dem, Achtung: „die meisten Stimmen" zählen. Bei mehreren Kandidaten ist die Sachlage klar: Dann hat, klar, der Kandidat mit den meisten Stimmen gewonnen. Aber was ist, wenn nur Ramelow antritt, und alle anderen kneifen? Ist er dann auch mit mehr Nein- als Ja-Stimmen gewählt. Tja.

Aber wahrscheinlich ist das nicht. Wahrscheinlich ist, dass Kindervater im dritten Wahlgang antritt – oder vielleicht ein anderer AfD-Kandidat, denn jetzt sind Spontanbewerbungen möglich. Für diesen Fall hat die FDP vor, ihren Chefcowboy Thomas Kemmerich mitten hinein ins Wunderland zu schicken. Und auch CDU-Vorsteher Mike Mohring, alles andere würde uns wundern, hält sich wieder einmal alles offen.

Als Ergebnis dieses Szenarios dürfte die Wahl Ramelows eingetütet sein. Aber vielleicht ist es eben auch so, dass Thüringen am Mittwoch sein blaues Wunder erlebt.

4.2.2020

Schatz, mach dir keine Sorgen

Der Beruf des Journalisten ist ein Privileg. Zuerst natürlich, weil er als besonders geschützt gilt, durch den fünften Artikel des Grundgesetzes, der Meinungs- und Pressefreiheit garantiert. Aber er ist auch ein Privileg, weil er zu besonderen Zeiten Zugang zu besonderen Orten gewährt; weil er ermöglicht, Geschichte zu erleben.

Am Mittwochabend voriger Woche befand ich mich in der Staatskanzlei in Erfurt. Draußen riefen Hunderte Demonstranten ihre Protestparolen, schwenkten rote Fahnen und spielten aus Lautsprechern Lieder, die ich einst in der FDJ gesungen hatte.

Ich stand drinnen, im Barocksaal der vormaligen Kurmainzischen Statthalterei, die für eine kurze Weile, als ein gewisser

Napoleon Bonaparte hier residierte, Kaiserlicher Palast genannt wurde. Und vor mir, unter weißem Stuck und in schwarzen Cowboystiefeln, stand der unwahrscheinlichste Ministerpräsident, den diese Republik jemals sah.

Am 27. Oktober 2019 hatte Thomas Karl Leonard Kemmerich, Faschingsfunktionär, Friseurunternehmer und FDP-Landesvorsitzender, seine Partei im Oktober in den Landtag zurückgeführt, mit exakt 73 Stimmen über der Fünf-Prozent-Hürde. Nun, an diesem 5. Februar 2020, war er vom Landtag zum Regierungschef gewählt worden, mit den Stimmen seiner FDP, der CDU – und der AfD.

„Schatz, mach dir keine Sorgen, ich werde nicht Ministerpräsident", soll er seiner Frau gesagt haben. Nun war er genau das, Ministerpräsident, nur leider ohne Minister und ohne die geringste Ahnung, was er mit dem Amt anfangen sollte. Eine „Regierung aus der Mitte heraus" wolle er bilden, sagte er in die Kameras, die im Saal aufgebaut waren und die seine Worte in den ARD-„Brennpunkt" und das „heute-journal" übertrugen. Doch diese behauptete Mitte, sie war spätestens in jenem Moment implodiert, als er seinen Amtseid im Landtag leistete.

Wie sich Kemmerich in der nahezu leeren Staatskanzlei selbst verlor: Das war die bizarrste Szene, die ich in meinen zwei Jahrzehnten Beruf miterlebt habe. Dabei gab es ausreichend bizarre Szenen, gerade in diesem Saal. Im April 2009 stand hier ein von seinem Skiunfall gezeichneter Dieter Althaus und behauptete, dass wieder alles in Ordnung sei und er in den Wahlkampf ziehen könne. Es war der Anfang des Niedergangs der Thüringer CDU.

Der Vorgang wurde damals als hochdramatisches, aber lokales Ereignis behandelt, das die Dinge außerhalb des kleinen Thüringens kaum berührte. Das ist nun anders. Das Bild des Dammbruchs mag wenig originell sein, aber es passt doppelt. Nicht nur, dass in Erfurt der Damm zur extremen Rechten eingerissen wurde. Der dadurch entfesselte Strom reißt nun viel mit sich, auch in Berlin. Die Kanzlerfrage der Union ist neu gestellt und die morsche Koalitionskonstruktion so gefährdet wie nie.

Einiges wird noch aufzuarbeiten sein. Feststehen dürfte bislang, dass es keine Verschwörung von CDU und FDP mit der AfD gab, aber ausreichend grobe Fahrlässigkeit, politische Dummheit und ja, das fatale Kalkül, es darauf ankommen zu lassen. Einige glaubten, sie könnten den Damm brechen lassen und davon politisch profitieren. Das war, wie es ausgerechnet Dieter Althaus treffend zusammenfasste: „bescheuert".

Wer Linke, SPD und Grüne wegen ihres Vorhabens, eine Minderheitsregierung zu bilden, jetzt als die eigentlich Schuldigen ausmacht, will die Tatsachen verkennen. Gleichwohl müssen sich die drei Parteien, auch der Ex-Ministerpräsident, selbst Fragen stellen. Warum hatten sie zuletzt die Situation rhetorisch und zeitlich eskaliert? Am Ende wirkten auch sie getrieben von Umständen, die es noch nie in Deutschland gab und die alle Beteiligten überforderten.

Es gab nur eine einzige Fraktion, die einen echten Plan besaß, den sie dann diszipliniert exekutierte – und das war die Demokratiezerstörungsbrigade von der AfD. Sie behandelte Thüringens höchste Verfassungsorgane – das Parlament und das Amt des Ministerpräsidenten – wie schmutzige Wegwerftaschentücher. Ihr strategischer Vorteil: die völlige Abwesenheit von Skrupel, Anstand und Respekt.

Mit so einer Kraft endlich gemeinsam und klug umzugehen, ohne den politischen Wettbewerb einzustellen, den Meinungspluralismus zu gefährden und die Wahlentscheidung Hunderttausender zu diskreditieren: Dies ist die größte Herausforderung all jener, für die Demokratie mehr ist als nur ein Mittel zur Machtergreifung.

11.2.2020

Einerseits, andererseits, Mohring

Am Wochenende teilte Mike Mohring über die Zeitung Bild am Sonntag mit: „Jetzt steht eine wie auch immer geartete vertragliche Vereinbarung für eine Tolerierung einer rot-rot-grünen Regierung durch die CDU im Raum. Das ist das Gegenteil unseres zentralen Wahlversprechens. Deswegen gebe ich parallel zur Wahl des neuen Fraktionsvorstands auch mein Amt als Parteivorsitzender der CDU Thüringen zurück."

Jemand, der die vergangenen Monate auf einem fernen Planeten ohne Internetanschluss verbracht hätte, könnte in Anbetracht dieser präzise gesetzten Worte auf die Idee kommen, dass hier endlich mal ein Politiker das tut, was immer von ihm verlangt wird: Verantwortung übernehmen.

Doch auf dem kleinen Thüringer Asteroiden, der gerade in eine ziemlich ungewisse Richtung rast, weiß man leider nur zu gut, dass diese Sätze das Gegenteil davon bedeuten. Um den unschönen Vorgang möglichst nüchtern zu beschreiben: Hier stiehlt sich ein Politiker, der sowieso vor dem Rücktritt stand, aus seiner Verantwortung für den selbst mit angerichteten Schlamassel und gibt seinen Parteifreunden noch ein paar Schläge von hinten mit.

Nun wäre Mike Mohring nicht Mike Mohring, wenn er sich die Formulierung nicht genau überlegt hätte. Sie ist, für sich genommen, erst einmal wahr: Die CDU hatte ja im Wahlkampf versprochen, Bodo Ramelow zu entmachten. Und sie hatte, nachdem der linke Ministerpräsident im Oktober seine rot-rot-grüne Landtagsmehrheit verloren hatte, einstimmig beschlossen, ihn nicht wieder ins Amt gelangen zu lassen. Jetzt also, da genau dies passieren könnte, geht Mohring. Was, hören wir aus Apolda rufen, ließe sich dagegen Vernünftiges sagen?

Die Antwort: einfach alles.

Seit die schwierigen Mehrheitsverhältnisse absehbar waren, hatte Mohring Geheimgespräche mit Ramelow geführt, die nach der Wahl zu Verhandlungen über eine gemeinsame Regierung führen sollten. Am Wahlabend und am Morgen danach testete der CDU-Landeschef sogleich eine mögliche Kooperation in den Medien und im Bundespräsidium aus, wobei er eher ungeschickt und völlig unabgestimmt vorging.

Doch als der Protest anschwoll, vollzog Mohring die Kehrtwendung. Jedenfalls erschien es so, weil er seinen Fraktionsvize nicht dabei bremste, Gespräche mit der AfD zu propagieren. Als das auch wieder nur zu Protest und unangenehmen Anrufen aus Berlin führte, nahm er die Geheimgespräche mit Ramelow wieder auf, die über den Umweg von Joachim Gauck zu Dieter Althaus zum Vorschlag der dunkelrot-schwarzen „Projektregierung" führte – was aber, da nun Rot-Rot-Grün nahezu ausverhandelt war, zu spät kam.

Es folgten die Wahl des Ministerpräsidenten Kemmerich, vor der Mohring einerseits intern warnte, sie aber andererseits zuließ, und die Debatte über eine Übergangsregierungschefin Lieberknecht, die Mohring einerseits begrüßte und andererseits ausbremste. Seine notorische, fast schon wesenseigene Ambivalenz diente, wie in den Jahrzehnten zuvor, ausschließlich dazu, seine Macht abzusichern.

Denn egal, wie sich die Dinge entwickelten: Stets konnte Mohring sagen, er habe es doch so oder so gewollt – oder eben nicht so oder so. Je nachdem. Schuld an Niederlagen trugen innerparteiliche Gegner, fiese Journalisten, die doofe Bundespartei, die widrigen Umstände oder das schlechte Wetter. Immer war er Opfer, nie Täter.

Das letzte Beispiel für sein Handlungsmuster lieferte er vorige Woche. Am Mittwoch, nachdem ihn die Fraktionsmehrheit zum Rücktritt am 2. März genötigt hatte, sagte Mohring in die Kameras, dass die CDU in ihren Möglichkeiten „eingemauert“ sie. Sie habe daher gar keine andere Wahl, als irgendwie mit Ramelow und der Linken zu kooperieren.

Am Wochenende, nachdem die Fraktion sich genau auf diesen Weg begeben hatte und im Epizentrum der nationalen CDU-Entrüstung stand, verkündete Mohring voller Abscheu über den Wortbruch seinen beschleunigten Abgang.

Dass jetzt von der Thüringer CDU nicht mehr viel übrig ist, hat mit vielen Dingen, Entscheidungen und Menschen zu tun. Doch die zentrale Verantwortung dafür trägt ihr Noch-Vorsitzender Mohring – ganz egal, ob er sie nun selbst übernimmt oder nicht.

25.2.2020

Vier Wochen danach

Vor genau vier Wochen, an genau dieser Stelle, schrieb ich gewollt launig über die Wundertüte namens Landespolitik. Die Wahl von Bodo Ramelow zum Ministerpräsidenten sei wohl so gut wie eingetütet, kalauerte ich mich durch die Zeitung. Aber vielleicht, nur vielleicht sei es ja auch so, dass Thüringen am Mittwoch sein blaues Wunder erlebe. Haha.

Tatsächlich wuchs damals die Ahnung, dass am Tag darauf etwas gewaltig schiefgehen könnte. Auf der einen Seite war da ein Regierungschef von der Linken, der trotz fehlender Mehrheit im Parlament fest davon überzeugt schien, dass er im Amt bleiben würde.

Nebenher ließ sich eine Möchtegernkoalition besichtigen, die sich schon mal die Ministerien neu aufgeteilt hatte, mit zusätzlichen Zuständigkeiten und Staatssekretären. Sogar ein Vertrag war unterzeichnet, obwohl das meiste von dem, was darin stand, erst noch mit anderen Fraktionen im Landtag besprochen werden musste.

Auf der anderen Seite war da der Vorsitzende einer Fraktion, der es gerade so in den Landtag geschafft hatte, aber der meinte, er könnte trotzdem für das wichtigste Amt im Land kandidieren. Der FDP-Landesvorsitzende Thomas Kemmerich ging, so wie alle anderen, wohl nicht wirklich von seiner Wahl aus – zog aber offenkundig gleichzeitig diese Möglichkeit in Betracht.

Nur so lässt sich erklären, dass er vor der Wahl schon mal anfing, öffentlichkeitswirksam über sein Kabinett nachzudenken. Und nur so lässt sich erklären, dass er dann die Wahl ohne Zögern annahm.

Die CDU wiederum erhielt, wie so oft in der vergangenen Zeit, die undankbarste Rolle, irgendwo zwischen Naivling und Handlanger angesiedelt. Halb zog die AfD sie, halb sank sie hin.

Es wäre falsch, beide Seiten gleichzusetzen. Bei allen unbestreitbaren Fehlern: Rot-Rot-Grün ging am 5. Februar in einer schwierigen parlamentarischen Situation ein kalkuliertes Wagnis ein, nachdem alle Sondierungen für Mehrheiten jenseits alter Frontlinien gescheitert waren. Thüringen benötigte eine legitimierte Regierung, und Ramelow machte dafür ein Angebot, dass CDU und FDP nicht nur ablehnten, sondern in sein destruktives Gegenteil verkehrten.

Seitdem sind vier Wochen vergangen. Es waren vier Wochen, in denen in Thüringen der gerade erst gewählte Ministerpräsident zurücktrat, der CDU-Landes- und Fraktionsvorsitzende seine Ämter aufgab und, zumindest für zwei Nächte und einen Tag, die Unionsfrau Christine Lieberknecht als Chefin einer rot-rot-grünen Regierung gehandelt wurde.

Es waren vier Wochen, in denen in Berlin der FDP-Vorsitzende die Vertrauensfrage stellte und die CDU-Vorsitzende ihren Rückzug ankündigte. Dies hatte wiederum zur Folge, dass nahezu alle christlich und demokratisch gesinnten Männer, die in Nordrhein-Westfalen wohnen, jetzt ihr Nachfolger werden wollen.

Es waren vier Wochen, in denen Thüringen eine Regierung besaß, die diesen Namen nicht verdient. Sie besteht bis heute allein aus einem geschäftsführenden Ministerpräsidenten, derweil sich draußen, am dunklen Horizont, die neuen Großkrisen und Pandemien abzeichnen.

Es waren vier Wochen, in denen der Ruf des Landes schwer gelitten hat, mit allen Folgen für die Wirtschaft, die hiesigen politischen Institutionen und die Chancen, kluge Menschen zum Kommen oder auch nur zum Bleiben zu bewegen. Es wird lange dauern, bis wieder auf Thüringen ohne eine Mischung aus Abscheu, Unverständnis und Mitleid geschaut wird.

Und es waren vier Wochen, in denen hoffentlich alle Beteiligten etwas dazu gelernt haben, über Demokratie und Demut, über Macht und Missbrauch, über Vertrauen und Verrat – und darüber, wie schnell das, was wir Gemeinwesen nennen, von innen zerstört werden kann. Die Feinde der offenen Gesellschaft befinden sich nicht hinter den europäischen Außengrenzen oder an ungewaschenen chinesischen Händen: Sie sitzen im Deutschen Bundestag und in 16 Landesparlamenten.

Am Mittwoch tritt einer von ihnen im Thüringer Landtag in einer geheimen Wahl gegen Bodo Ramelow an, um Ministerpräsident zu werden. Vielleicht, dies wäre meine herzliche Bitte, sollten die Mitglieder des Landtages davor doch noch einmal in die Landesverfassung schauen. Dort steht in Artikel 53: „Die Abgeordneten sind die Vertreter aller Bürger des Landes. Sie sind an Aufträge und Weisungen nicht gebunden und nur ihrem Gewissen verantwortlich.“

3.3.2020

Tatsachenbericht aus der parlamentarischen WG

Wäre der Thüringer Landtag eine Wohnung, in der sechs Mietparteien zusammenlebten, wäre dies eine ziemlich anstrengende Angelegenheit, obschon es sich, rein genusstechnisch betrachtet, um eine Frauen-WG handelte. Wenn mal nicht gezankt wird, herrscht hier eine gedrückte Langeweile jener Art, wie sie bei Haushaltsberatungen spätestens nach dem Einzelplan 3 zu beobachten ist.

Die FDP haust im kleinsten Zimmer, wobei sie froh sein kann, dass sie noch nicht in den Keller umziehen musste, weil sie die sogenannte Fraktionsklausel im Mietvertrag verletzt. Nächstes Jahr, wenn der aktuelle Vertrag ausläuft, dräut die Obdachlosigkeit.

Auch die Grüne gilt als akut auszugsgefährdet. Ihr Zimmer ist ebenso klein wie das der FDP, aber es hat immerhin einen Mininordbalkon, auf dem sie in Tontöpfen Hanf für ihre fürchterlich riechenden, aber effektiven Biokekse anbaut. Wenn sie richtig high ist, plant sie die ökologische Weltrevolution in Form von Natura-2000-Stationen in allen verfügbaren FFH-Gebieten.

CDU und FDP machen sich regelmäßig einen gemeinen Spaß daraus, die Aufschriften auf ihren neun Trennmülleimern zu vertauschen. Wenn die Grüne dann wieder einmal die Batterien aus den Müslitesten klaubt, kann sich sogar die Linke ein unsolidarisches Grinsen kaum verkneifen.

Die SPD bewohnt das Zimmer neben dem Bad, den Schimmel an der Außenwand hat sie mit einem riesigen Willy-Brandt-Plakat verdeckt, auf dem nun große, dunkle Flecken wachsen. Die Arme klagt über die missliche Situation. Aber wenn sie zur Küche geht, um sich aus dem Kühlschrank eine neue Flasche toskanischen Pinot Grigio zu holen, schaut sie ihre Mitbewohner so arrogant an, wie nur jemand schauen kann, der schon Bismarck, Honecker und Lafontaine überlebt hat.

Die CDU ist ständig mies drauf. Ein Vierteljahrhundert bewohnte sie das große und schicke Erkerzimmer und dazu die Kammern von Grünen und FDP, in die sie einen Billardtisch nebst Theke eingebaut hatte. Nun aber ist sie im mittleren Mittelzimmer gelandet, in das, wenn das Fenster auch nur ein klitzekleines bisschen aufsteht, verlässlich der Zigarettenrauch vom Nachbarzimmer hineinzieht.

Merkwürdig: In einer Ecke hat die CDU drei halbleere Kästen Apoldaer Bier zu einem Pult übereinandergestapelt, von dem sie jetzt Online-Vorlesungen hält.

Im Zimmer daneben, ebenso groß, hat die AfD die einst himmelblaue Wand, die bei geöffneter Tür im toten Winkel liegt, mit einem hässlichen Braun überpinselt. Sie bepöbelt die anderen als „Altmieter" und „Hausverräter", ansonsten liegt sie im Bett, trinkt Bier aus Kloster Veßra, und schaut sich laut auf dem Handy Youtube-Filme vom 1939er-Einmarsch in Polen an. Wenn sie mit dem Kloputzen dran ist, brüllt sie „Widerstand" und wickelt sich aus Protest in eine Reichskriegsflagge, die sie auf dem Dachboden neben dem Rattengift gefunden hat.

Seit der letzten WG-Versammlung, als sich die AfD bei einer Abstimmung von einer selbst gebastelten Strohpuppe vertreten ließ, reden selbst CDU und FDP nicht mehr mit ihr. Parteiübergreifende Mieterresolutionen, die AfD vor die Tür zu setzen, scheiterten am Vermieter namens Wähler.

Im Erkerzimmer residiert die Linke. Sie hat alles in Rot tapeziert und einen Altar für einen gewissen Bodo Ramelow aufgebaut, vor dem sie jeden Abend Duftstäbchen anzündet und eine Andacht abhält, die sie Appell nennt. SPD und Grüne, die jahrelang teilnehmen mussten, schwänzen immer häufiger, auch weil sie vermuten, dass die Linke eine Geheimtür zum Nachbarzimmer eingebaut hat, in dem die CDU wohnt.

Sie haben längst gemerkt, dass Linke und Union ohne sie einfach den Reinigungsplan ändern können, und fühlen sich zusehends überflüssig. Aber sie hoffen darauf, dass dieser unerklärliche Bodo-Vodoo-Zauber endlich seine Wirkung verliert oder einfach mal aufhört und die Linke sich wieder in das Schimmelzimmer zurückziehen muss, aus dem sie einst kam.

Neuerdings treffen sich SPD und Grüne am Abend im Bad mit der CDU zum konspirativen Zähneputzen und machen Umzugspläne, wobei sie ahnen, dass sie auch im nächsten Jahr bestenfalls dort wohnen bleiben, wo sie jetzt sind. Aber sie denken langfristig, strategisch, flüstern vom Jahr 2026 und davon, dass die Linke ohne Bodo-Kult nur halb so dolle sei. Danach gehen alle in ihre Betten und weinen sich leise in den Schlaf.

18.8.2020

....

Im postideologischen Viererbob

Der erste Tabudammbeinbruchjahrestag ist absolviert. Alle Pressemitteilungen sind versendet, alle Tweets abgesetzt und, ächz, alle Interviews mit Thomas Kemmerich geführt, der auch die 232. Frage, ob er seine Kandidatur zum Ministerpräsidenten irgendwie doch ein klitzekleinesbisschen selbstkritisch sehe, mit einem konstant freundlich-sonoren „Nö“ beantwortete.

Nur eine Auszeit vor seinem Ich-nehme-die-Wahl-an-Satz, die hätte er, vielleicht, eventuell und womöglich, beantragen müssen – und sei es, um sich vor dem Eid noch schnell einen Schlips umzubinden. Aber für diese Überlegung war der arme Mann, das hatte ja schon der ausgewiesene Männlichkeitsfachmann Christian Lindner festgestellt, einfach zu übermannt.

Doch nun richtet sich der Blick durch Schneegestöber und Infektionsketten nach vorne, bis hinein in den Frühherbst, wenn Mutanten nicht B.1.1.7 heißen, sondern als schlecht kostümierte Komparsen in C-Horrorfilmen auftauchen.

Am 26. September soll die Landtagswahl gemeinsam mit der Wahl des Bundestags stattfinden. Das jedenfalls ist der Plan der landespolitischen Viererbande, sorry: des postideologischen Viererbobs aus Linke, CDU, SPD und Grünen.

Doch was ist, wenn die Wahl so ausgeht, wie einst im Oktober 2019, und es wieder keine Mehrheit gibt, die sich brav in die bundesrepublikanische Ordnung seit 1949 fügt? Wird dann wieder ein Dörfchenbürgermeister als Regierungschef antreten? Werden dann wieder unschuldige Blumensträuße zweckentfremdet? Oder ruft sogar wieder jemand aus Afrika an?

So ungefähr klangen die bangen Fragen in der Kemmerich-Gedächtnis-Woche. Dabei ist die Antwort recht einfach: Sie lautet Nein.

Es wird schon allein deshalb nicht noch einmal so kommen, weil es schon einmal so kam.

Der 5. Februar 2020 ist eine Zäsur, weil er die politische Wirklichkeit veränderte. Mit seiner zur Pflichterfüllung selbstnobilitierten Perfidie hat Björn Höcke die letzten ausdenkbaren Verbindungen zwischen CDU und AfD auf längere Sicht gekappt. Niemand, nicht einmal die tapferen Kameraden aus der Sachsen-Anhalter CDU, wird mit seiner Partei regieren. Gleichzeitig nötigte Höcke die Thüringer Union, ihren bundesweit geltenden Abgrenzungsbeschluss linksseitig zu unterlaufen. Sie verhalf Bodo Ramelow wieder ins Ministerpräsidentenamt und toleriert seitdem seine rot-rot-grüne Minderheitsregierung – wobei es sich, räusper, hüstel, natürlich und ausschließlich um eine „projektbezogene

Zusammenarbeit" der „konstruktiven Opposition" im Rahmen eines „Stabilitätsmechanismus" handelt.

Geht also die Landtagswahl, wie die Umfragen besagen, im September so aus wie 2019, werden wohl die Vier ihre bewährte Partnerschaft zum Wohle des Thüringer Volkes fortsetzen, in welcher Weise und Konstellation auch immer. Irgendeine Bezeichnung ließe sich dafür schon finden, die nicht wie Koalition oder Tolerierung klingt. „Erfurter Modell" vielleicht. Oder „Bratwurst-Connection". Oder „Mumpelfratz", die Rechte dafür besitzt der Vorsitzende der glorreichen SPD-Landtagsfraktion.

Worauf sich aber die Linke nebst ihrem immerfreundlichen Ministerpräsidenten einrichten muss: Die CDU wird Ramelow nicht noch einmal ins Amt lassen.

Das liegt gar nicht so sehr an ihm als Mensch und Ministerpräsident, Parteipolitiker und Pilzesammler, Candy-Crusher und Chemtrail-Leugner, Holzspalter und Hundehalter, oder was er sonst noch alles sein mag und will, sondern daran, dass die CDU, solange er im Amt bleibt, keine Wahl gewinnen dürfte. Und niemand kann ausschließen, dass Ramelow 2026 den Kretschmann macht und 2031 den Biden und einfach immer wieder zur Wahl antritt.

Mario Voigt, der CDU-Spitzenkandidat, hat schon mal eine Schallplatte in sein Phrasenregal gestellt. Sie hört sich so an: „Ein Ministerpräsident, dessen Koalition zweimal keine Mehrheit erreicht, ist abgewählt."

Auf die brüderliche Solidarität von SPD und Grünen wird sich Ramelow jedenfalls kaum verlassen dürfen. Viele von ihnen fänden es eher prima, wenn die Linke ohne ihren Superbodo endlich auf das ostdeutsche Durchschnittsmaß zurückschrumpfte. Aber pssst, das haben Sie natürlich nicht von mir.

9.2.2021

Die Entscheidungen des Thomas Kemmerich

Am 5. Februar dieses Jahres, nachmittags um kurz vor halb zwei, hatte Thomas Karl Leonard Kemmerich aus Erfurt Geschichte geschrieben. Er war mit den Stimmen der AfD zum Ministerpräsidenten gewählt worden.

Kemmerich hatte nun selbst, und zwar ganz allein und souverän, eine Wahl, wie diese unschöne Geschichte weiterzuschreiben sei. Er konnte sagen, dass er sich einem linken Amtsinhaber, der keine Mehrheit mehr hinter sich versammeln konnte, aus Prinzip als bürgerlicher Kandidat entgegenstellen musste, dass er aber seine Wahl durch eine Fraktion, die von einem Rechtsextremisten geführt werde, nicht annehmen könne.

Der Liberale hätte damit binnen Sekunden eine Fast-Katastrophe in einen grandiosen Sieg verwandelt. Er hätte Ramelow erledigt und das brüchige Konstrukt einer rot-rot-grünen Minderheitsregierung zerstört. Stattdessen wäre aus der Illusion eines bürgerlichen Minderheitsbündnisses von CDU, SPD, FDP und Grünen eine reale Möglichkeit geworden, nicht mit ihm als Ministerpräsidenten, aber als gar nicht so geheimen Helden.

Doch Kemmerich entschied sich bekanntlich für die Fata Morgana schneller Macht; nicht übermannt, wie es sein Bundesvorsitzender Christian Lindner entschuldigte, sondern aus dreist-fahrlässigem Kalkül. Er nahm die Wahl an und erschütterte die Republik.

Die AfD triumphierte, die CDU zerfiel, die FDP zerriss es. Schon tags darauf musste Kemmerich seinen Rücktritt ankündigen. Er amtierte dann noch ohne Kabinett bis zum 4. März, an dem dann wieder Ramelow ins Amt gelangte.

Vier Monate später tut Thomas Kemmerich längst so, als sei nie etwas gewesen, kein Dammbruch, kein Beben, kein nichts.

Er leitet die Landespartei und sitzt im Landtag als Fraktionschef und geht sogar in den Erfurter Stadtrat, obwohl ein Gericht befunden hat, dass er dort nicht mehr hingehört, weil er ja mit seiner Familie in Weimar wohnt.

Nur weil er es zu allem Überfluss auch noch hinbekam, sich auf eine Demonstration mit Reichsbürgern, AfD-Politikern und Verschwörungstheoretikern zu begeben, um sich als „einziger legitimer Ministerpräsident" anpreisen zu lassen, wurde er zumindest in Berlin dazu genötigt, seinen Bundesvorstandsposten abzugeben. Darüber hinaus gab er den Chefposten der liberalen Mittelstandsvereinigung ab.

In Thüringen hingegen schafft Kemmerich es bisher, sich durch die Landes- und Kommunalpolitik zu schlawinern. Es ist ja nicht so, dass der Thomas, wie ihn seine Kumpel und Karnevalisten nennen, ein schlechter Mensch wäre. Er hat zwei Unternehmen aufgebaut, mit seiner Frau sechs Kinder großgezogen und die FDP mit einer effizienten Kampagne zurück in den Landtag geführt. Während des Wahlkampfs hielt er passable Reden, besetzte die Themen Wirtschaft und Bildung – und grenzte sich gleichermaßen deutlich gegen AfD und Linke ab.

Doch Entscheidungen haben Konsequenzen. Und die Entscheidung, die Kemmerich am 5. Februar nachmittags gegen halb zwei traf, lässt sich nicht wegschweigen. Je näher das Superwahljahr 2021 rückt, je schlechter die Umfragewerte werden und je radikaler sich die AfD gebärdet, umso unhaltbarer wird der Zustand, in dem sich die Thüringer FDP gemeinsam mit ihrem Partei- und Fraktionsvorsitzenden befindet – zumal er sich sogar hartnäckig die Perspektive offenhält, zur Neuwahl des Landtags im nächsten Jahr wieder als Spitzenkandidat anzutreten.

Kann das Kemmerich wirklich wollen? Und wird da seine Landespartei tatsächlich mitmachen? Wie, bitteschön, soll das denn in einem real existierenden Universum funktionieren?

Schon erscheinen in Berlin die ersten Artikel darüber, wie sehr sich doch der Bundesvorstand einig sei, dass Kemmerich eine Belastung darstelle. Und Lindner, der behauptet, dass er sich natürlich nicht in Thüringen einmischen wolle, sagt gleichzeitig in die Kameras, dass er sich anstelle des hiesigen Landeschefs eine neuerliche Spitzenkandidatur sicher „nicht antun" würde.

Und so muss Thomas Kemmerich demnächst wieder eine wichtige Entscheidung treffen – und zwar darüber, was er seinem Land, seiner Partei, seiner Familie und ja: sich selbst zumuten will. Vielleicht, aber nur vielleicht, wird es diesmal die richtige sein.

14.7.2020

Die haben sie doch nicht mehr alle!

Am Wochenende war ich im Wald, bei der Familie, und obwohl ich es nicht weitersagen darf, weil ja sonst die ganzen Städter mit ihren Plasteeimerchen einfallen: Es gibt sehr viele, sehr große Heidelbeeren resp. Blaubeeren. Es ist, zumindest in dieser Hinsicht, ein spektakulär gutes Jahr.

Für die Politik in Thüringen lässt sich dies eher nicht behaupten. Ohne meine Quellen preiszugeben (Hallo H.!), darf ich an dieser Stelle Volkes gut begründete Meinung über das Erfurter Parlament wiedergeben: Die haben sie doch nicht mehr alle!

Sogar die Beteiligten im Landtag sind bereits zu ganz ähnlichen Einsichten gelangt – wobei sie sich, so sind wir kleinen Menschen nun mal beschaffen, in der Regel selbst davon ausnehmen. Blöd sind halt stets die anderen.

Alles begann mit der Landtagswahl 2019, nach der AfD und

Linke die Mehrheit der Sitze besetzten. Ab da durchlebte die parlamentarische Leidensgemeinschaft mehrere Phasen, die erstaunliche Analogien zur Trauerbewältigung aufwies: Leugnen, Wut, Verhandeln, Depression und Akzeptanz.

Zuerst war Orientierungslosigkeit. Niemand wusste mit der Mathematikaufgabe umzugehen, welche die Wählerschaft gestellt hatte und für die es keine erprobte Mehrheitslösung gab. Daraus resultierte der Versuch, mit der Wiederwahl des Linken Bodo Ramelow eine rot-rot-grüne Minderheitsregierung zu erzwingen. Doch der FDP-Mann Thomas Kemmerich trat gegen ihn an, die CDU wählte ihn mit und die AfD heimlich auch. Und so begann die Chaosphase, mit Zorn, Emotionen, Protest, beendet von Verhandlungen für einen Pakt auf Zeit zwischen CDU und Rot-Rot-Grün.

Die Corona-Pandemie muss als Extraphase betrachtet werden, wobei sie die Situation nicht unbedingt beförderte. Schließlich, im September 2021, sollte die Neuwahl des Landtags den Zyklus unterbrechen und die guten alten Thüringer Mehrheitsverhältnisse wiederauferstehen lassen.

Aber das klappte bekanntlich nicht, womit jetzt die Phase der Apathie begonnen hat – immerhin praktischerweise in den Sommerferien, da lässt sich der Frust in den Alpen wegwandern oder mit Aperol Spritz am Strand behandeln.

Was danach gemäß Lehrbuch folgen müsste, wäre die Akzeptanz der politischen Wirklichkeit: Es gibt keinen neuen Landtag und keinen neuen Ministerpräsidenten. Es gibt nur ziemlich viele Probleme, die gemeinsam zu lösen sind.

Ob es allerdings dazu kommen wird, weiß niemand. Die thüringische Politik ist ein überaus erratisches Wesen. Woran liegt das? Daran, dass alles hier so ländlich, ostmäßig und provinziell ist? Oder daran, dass hier lauter diktatursozialisierte Demokratieamateure unterwegs sind?

Spricht man mit Menschen anderswo in der Republik, bevorzugt in westlichen Gefilden und in der Hauptstadt, werden genau diese Fragen gestellt und sogleich mit Ja beantwortet. Dabei übersehen sie geflissentlich, dass der einzige linke Ministerpräsident, der extremste aller AfD-Extremisten oder der Kurzzeit-Regierungschef von der FDP einst von drüben in den putzigsten Freistaat rübermachten.

Nein, die Politiker in Thüringen sind, von Ausnahmen abgesehen, nicht dümmer, schlechter oder radikaler als anderswo. Sie scheiterten nur bislang an den Umständen, die sie nicht wollten. Nach einem Votum der Wähler, das es so noch nicht in der Bundesrepublik gab, haben sie sich ineinander verhakt. Das Ergebnis ist Selbstblockade.

Dies ist der tiefere Grund dafür, warum sie in Erfurt nicht mehr alle haben – und warum sie es nicht schaffen, dieses Land halbwegs unfallfrei durch diese eher komplizierten Zeiten zu steuern.

Nachdem die Chance zur Neuwahl verpasst ist, gibt es jetzt im Landtag ziemlich genau zwei Möglichkeiten: Irgendwie so weiterwurschteln – oder etwas Außergewöhnliches versuchen, das zur Außergewöhnlichkeit der Thüringer Situation passt.

Und jetzt etwas Eigenwerbung: Wer wissen will, wie Thomas Kemmerich Ministerpräsident wurde, wem Bodo Ramelow einen Schutzengel schickte und warum Angela Merkel Thüringen mitregierte, der kann dies in einem Buch nachlesen: *Martin Debes: Demokratie unter Schock. Klartext Verlag Essen, 248 Seiten, 18,95 Euro.*

27.7.2021

....

Und das ist alles, was für ihn zählt

Erinnern Sie sich noch an die Zeit, als es ein „neuartiges Corona-Virus“ gab, das gerade auf den deutschen Flughäfen gelandet war? An die Zeit, als noch kein Mensch wusste, was eine Sieben-Tage-Inzidenz ist und 3G ausschließlich ein Standard der mobilen Datenübertragung war?

Ja, das ist gerade einmal zwei Jahre her. Damals verweist ein Bundesgesundheitsminister namens Jens Spahn darauf, dass an der Grippe jedes Jahr bis zu 20.000 Menschen in Deutschland versterben. „Auch das ist eben ein Risiko, das wir jeden Tag haben“, sagt er. Bei dieser neuen Lungenkrankheit seien ganz bestimmt nicht derart viele Infektionen zu erwarten.

Tatsächlich werden am 1. Februar 2020 gerade einmal acht Infizierte in der Bundesrepublik vermeldet. Der politische Betrieb nimmt davon kaum Notiz. Lieber spricht man über die sehr spezielle Situation in Thüringen, wo sich partout keine parlamentarische Mehrheit finden will.

Und weil es wirklich speziell ist, treffen sich an jenem Tag drei Männer im Rewe-Supermarkt in Bad Langensalza beim Bäcker. Als die Kaffeetassen leer sind, gilt als ausgemacht, dass einer der drei, der im nahen Sundhausen parteiloser Bürgermeister ist, für die AfD als Ministerpräsident antreten wird.

Was danach passiert, ist deutsche Geschichte. Am 5. Februar tritt der Dorfbürgermeister im Landtag gegen den linken Regierungschef Bodo Ramelow an, der in den ersten zwei Wahlgängen die nötige absolute Mehrheit knapp verpasst.

Dann, im dritten Wahlgang, in dem die einfache Mehrheit reicht, gesellt sich der FDP-Landeschef Thomas Kemmerich hinzu – und die AfD wählt insgeheim ihn. Zusammen mit den meisten Abgeordneten von Union und seinen Liberalen erhält der Friseurkettenunternehmer eine Stimme mehr als Ramelow. Er ist gewählt, nimmt die Wahl an und stürzt die Republik in größtmögliche Aufregung.

Sie erinnern sich? Prima. Und jetzt stellen Sie sich bitte vor, Sie wären kurz vor diesem völlig verrückten Moment, an dem in Erfurt ein Regierungschef ohne Regierung die Koalition in

Berlin ins Wanken brachte, für zwei Jahre in die Zukunft teleportiert worden, also in die überaus missliche Jetztzeit. Sie wären gewiss bass erstaunt darüber, was es nicht plötzlich alles gibt: AHA-Regeln, Masken im Rewe, Videokonferenzen, Demonstrationen gegen Schutzimpfungen, einen Bundeskanzler von der SPD und einen CDU-Vorsitzenden Friedrich Merz.

Doch immerhin, in Thüringen müssten sie sich politisch fast gar nicht umgewöhnen. Sie fänden einen Ministerpräsidenten Ramelow und ein rot-rot-grünes Kabinett vor, einen FDP-Landesvorsitzenden Kemmerich, der staatstragende Reden hält – und ein Parlament ohne Mehrheiten. Es wäre alles genau so, wie sie es verlassen hätten.

Okay, fast alles: Dieses neuartige Virus hat natürlich auch in Thüringen so einiges durcheinandergebracht. Und ja, Mike Mohring leitet nicht mehr die CDU und die zugehörige Landtagsfraktion.

Aber: Er ist noch Abgeordneter und wurde gerade frisch als Mitglied des Bundesvorstandes bestätigt. Und er versteht sich noch immer nicht mit Mario Voigt, der nun die Fraktion wie ein Hauptseminar mit ganz vielen Zoom-Powerpoint-Präsentationen und eigenem Springer-Newsdesk leitet.

„Hier hat Zukunft Tradition“ lautete der Werbe-Slogan für Thüringen, irgendwann zwischen „Grünes Herz“ und „Denkfabrik“. Der Spruch passt auf sehr merkwürdige Weise zu diesem Land: Warum zum Beispiel hätte der Landtag eine Neuwahl einleiten sollen? Sie wurde zwar mit maximalem Pathos versprochen okay. Aber danach wäre ja vielleicht das verloren, was das Leben finanziert und bedeutungsschwer macht: Mandate, Ministerposten und andere Machtsubstitute. Auch das ist doch, irgendwie: gute Tradition.

„Ey!“, höre ich die Rot-Rot-Grünen rufen. Es waren vier CDU-Abgeordnete, die die Neuwahl sabotierten! Stimmt nicht, greint die Union zurück, zwei Linke-Abgeordnete wackelten! Schließlich schimpfen sie kollektiv auf den

Ministerpräsidenten a. D., der lieber zum Gruppenchef einschrumpfte, als ihnen mit den FDP-Stimmen auszuhelfen.

Doch Thomas Kemmerich hat dafür nur sein besonders breites Lächeln übrig. Er ist noch da. Und das ist alles, was für ihn zählt.

1.2.2022

Bodo Ramelow

Als ich den Mann, der eine ganze Weile später Ministerpräsident werden sollte, zum ersten Mal traf, hauste er in einem kleinen Büro unter dem Dach des Hauses, in dem die Thüringer Landtagsabgeordneten untergebracht sind. Ich war 28 und seit einigen Wochen politischer Redakteur, er Mitte 40 und gerade für die PDS ins Parlament eingezogen. Er wollte der Zeitung etwas über die mutmaßlich windigen Geschäfte einer Landesgesellschaft erzählen, fand aber, dass ich nicht die erforderliche Augenhöhe und Kenntnis besäße. Er hatte mit meinem Chef gerechnet.

Und so wurde ich Zeuge des ersten Ausbruchs von Bodo Ramelow, der, das haben seine Ausbrüche zumeist an sich, ebenso rasch wieder endete, wie er begonnen hatte. Er nahm leicht grollend mit mir vorlieb.

Es blieb nicht die letzte Kollision, was in der Natur der Dinge lag. Als Journalist sollte man Politikern grundsätzlich kritisch begegnen. Und mit Kritik kann Bodo Ramelow, an dieser Stelle haben wir leider etwas gemeinsam, nur bedingt umgehen.

Interviews wurden fast oder ganz abgebrochen, zuweilen wurde es arg laut, später kamen dann viele Rechthaber-SMS, die ich mit meinen Rechthaber-SMS beantwortete.

So oder so, Bodo Ramelow hat mein Berufsleben begleitet, als Oppositionsführer, als Parteifusionator und schließlich als Regierungschef.

Erstenszweitensdrittens

Am Tag vor dem vergangenen Nikolaustag war der Flur zwischen dem Abgeordnetenhaus und dem Plenarsaal des Landtages vollgepackt mit Menschen, Kameras und Mikrofongestängen. In einem Nebenraum stand der frisch gewählte Ministerpräsident mit seinem frisch ernannten Kabinett und den Spitzen der frisch in Regierungsverantwortung gelangten Fraktionen beisammen.

Es gab Sekt, Blumen und allerlei erleichtertes Gelächter. Derweil harrte draußen die aus Berlin und anderen Hauptstädten angereiste medial-politische Karawane, um von den thüringischen Ungeheuerlichkeiten zu berichten. Atemlos tickerten die Liveticker: Der erste linke Regierungschef Deutschlands! Die erste rot-rot-grüne Koalition! Und das alles mit einer Stimme Mehrheit! Ach, damals ...

Am vorigen Freitag stand im selben Raum der Ministerpräsident mit seinem Kabinett und den Spitzen der nicht mehr ganz so neuen Regierungsfraktionen zusammen. Es gab Sekt und eine dezent-aufgeräumte Stimmung, während draußen: niemand und nichts wartete. Es interessierte schlicht keinen, dass Rot-Rot-Grün gerade seinen ersten echten Haushalt beschlossen hat.

Nun kann ein jedes Ding im Leben, so lehrte es der unvergessene Matthias Machnig, mit einem sonoren, zigarettenrauchumwölkten Erstenszweitensdrittens erklärt werden. Dies gilt auch für die Analyse des Aufmerksamkeitsgefälles von damals zu heute.

Da ist, erstens, der Gewöhnungseffekt. Niemand vermag, je nach politischer Ausrichtung, monatelang Empörung oder Euphorie zu empfinden oder auch nur zu simulieren. Es ist einfach viel zu anstrengend, daueraufgeregt zu sein, zumal es inzwischen ganz andere Sorgen gibt: der neue Bayernzweittorwart, der angebliche Sommer, diese Baustelle vor dem Haus, die immer näher kommt ...

Damit zu Zweitens. Weder hat die SED (Tankred Schipanski) alle christdemokratischen Errungenschaften geschliffen, noch ist der Realsozialismus ausgebrochen. Vielmehr hat die neue, noch nie dagewesene Regierung dort weitergemacht, wo die alte, eingesessene aufgehört hatte, nämlich mit einem 1 zu 1,01 kopierten Haushalt.

Drittens hat sich die Aufregung um die knappe Mehrheit nahezu in ihr Gegenteil verkehrt. Wenn es eines Beweises bedurft hätte, dass niemand in der CDU mehr an einen Umfaller in der Koalition glaubt, dann war es die freitägliche Abwesenheit der früheren Ministerpräsidentin, die lieber ihre evangelisch-politischen Netzwerke in Berlin knüpfte. Hinzu kam die im Advent noch gänzlich unvorstellbare Tatsache, dass zwei Mitglieder der AfD für den Haushalt stimmten.

Am Ende stand es 48 zu 41, was man, so wie die Linke-Chefin Susanne Hennig-Wellsow, als „sehr komfortabel" bezeichnen kann. Dabei hatte sich sogar noch ein dritter AfD-Abgeordneter angeboten. Er verlangte nicht etwa einen Ministerposten für sich, sondern nur die Schaffung eines bescheidenen IT-Beauftragtenpostens für irgendjemand Geeigneten. Aber selbst diese völlig legale Art politischer Bestechlichkeit hat Rot-Rot-Grün zurzeit nicht nötig.

Wenn man Erstenszweitendrittens zusammenzählt, hat also diese Regierung alles richtig gemacht. Ihr Ziel war ja nie ernsthaft der Weltfrieden. Die Linke will endgültig beweisen, dass sie regieren kann. Die SPD möchte zeigen, dass es jenseits der CDU eine Mehrheit gibt. Und die Grünen müssen belegen, dass sie auch im Osten eine Existenzberechtigung besitzen. Die strategischen Interessen der drei Parteien lassen sich deckungsgleich übereinanderlegen, auch wenn sich die Beteiligten teils nicht leiden können und inhaltlich Differenzen haben.

Derweil bleibt die moralische Besserstellung bloße Behauptung, jedenfalls jenseits der Regenbogenfahnen, Schaufenster-Bundesratsanträge und Parteitagsreden. Auch eine schwarz-rote Regierung hätte alle Asylbewerber aufgenommen und eher wenige abgeschoben. Auch sie hätte den freien Schulen wieder mehr Geld gegeben und 500 neue Lehrer eingestellt. Und auch sie hätte die Kommunen gepampert und Programme gegen die Neonazis aufgelegt.

Kurzum, sie hätte es wie Rot-Rot-Grün gemacht. Sie hätte wie bisher weitergewurschtelt.

22.6.2015

……………………

Heult doch!

Es war im traurigen Monat November des vergangenen Jahres, als die Vorsitzende der Bundestagsfraktion von Bündnis 90/ Die Grünen weinen musste. Sie saß in einem Zimmer des Hauses Dacheröden zu Erfurt und konnte nicht fassen, was der designierte erste linke Ministerpräsident eben gerade zu ihr gesagt hatte.

„Ich habe die Schnauze voll von eurem verdammten Gutmenschentum", soll Bodo Ramelow gebrüllt haben. (Wir verwenden, obgleich wir uns auf übereinstimmende Zeugenaussagen berufen können, lieber den Konjunktiv, um allfällige Anrufe zu vermeiden.) Ob solch linker Grobheit flossen die grünen Tränen.

Dabei war der Anlass der Zusammenkunft eigentlich ein freudiger, wenn nicht gar ein überaus historischer. Die thüringischen Oberen von Linken, SPD und Grünen saßen beieinander, um die letzten, klitzekleinen Details des Koalitionsvertrags zu besprechen, der wenige Stunden später der harrenden Weltpresse vorgestellt werden sollte.

Allerdings gehörte zu diesen klitzekleinen Details der Verzicht der grünen Umweltministerin Anja Siegesmund auf die Abteilungen für Landwirtschaft und Forsten – also auf jenen Teil ihres Ressorts, aus dem sich etwas hätte machen lassen können. Göring-Eckardt, bei der Siegesmund einst als

Mitarbeiterin begonnen hatte, konnte diese Demütigung schlechter verkraften als die künftige Ministerin.

Aber da war noch mehr. Die einst bürgerbewegte, eher christlich-konservativ geprägte Bundestagsabgeordnete hatte in den Wochen zuvor eine Kaskade von Anfeindungen aus ihrer politischen Kohorte ertragen müssen. Wie könne sie nur zulassen, wurde ihr vorgeworfen, dass diese Nachfolge-DDR-SED-Pseudokommunisten wieder die Macht übernähmen?

Weil wir gaaanz viel Grün durchsetzen können, antwortete sie. Und gaaanz viel Geld für die von Gott gebenedeiten freien Schulen sowieso. Ihr werdet schon sehen. Nun, an jenem Novembertag, war allerdings eher wenig zu sehen.

Die Sechs-Prozent-Partei hatte zwar nassforsch zwei Ministerien verlangt – und sie auch bekommen. Doch dass die beiden größeren Parteien am Ende beim wichtigeren Ressort die wichtigere Hälfte einfach abtrennten, konnten sie nicht verhindern.

Die Grünen hatten sich verzockt – und doch keine Wahl mehr. Ihre halbstarke Übertaktiererei hatte schon im September begonnen. Damals lehnten sie ernsthafte Gespräche mit der CDU ab, um, wenn es mit den Linken richtig schlimm käme, noch eine christlichdemokratische Rückzugsoption zu haben. Doch diese Durch-die-Augen-in-die-Brust-Strategie, die womöglich in politikwissenschaftlichen Proseminaren funktioniert hätte, ging natürlich nicht auf.

Und damit sind wir, schwupps!, in der Gegenwart – und bei den insbesondere kirchlich getragenen Privatschulen, in die ganz viele grünlich gefärbte Menschen ihre hyperbegabten Kinder schicken. Zehn Millionen Euro mehr pro Jahr hatten ihnen die Grünen versprochen und eine jährliche Steigerung noch dazu. Linke und SPD, die das für Unsinn hielten, akzeptierten beide Forderungen missmutig. Sie brauchten ja die nervigen Ökopaxe, um regieren zu können.

Als dann aber alles in Gesetzesform gebracht werden sollte, bekamen die Grünen nur formal das, was sie ausverhandelt hatten: gut zehn Millionen obendrauf und ein jährliches Plus.

Jedoch, in dem Festbetrag war auch der Aufwuchs enthalten, der durch die steigenden Schülerzahlen sowieso gekommen wäre. Netto blieben somit nur sieben Millionen Euro übrig. Und für die schließlich vereinbarte jährlich Steigerungsrate in Höhe von 0,25 Prozent wäre ein Claus Weselsky noch nicht einmal aufgestanden.

Wieder hatten die Grünen an das Gute im linken Menschen geglaubt, und wieder waren sie auf Benjamin Hoff getroffen. Der Staatskanzleichef sah gar nicht ein, warum die Kleinsten die Größten sein sollten.

Also kämpft Rot-Rot-Grün seit Monaten gegeneinander. Das Schulgesetz wurde verschoben, der Zeitplan zum künftigen Doppelhaushalt wackelt und das sorgfältig gepflegte Harmonie-Image wurde an die triste Wirklichkeit angeglichen.

Inzwischen ist man sich einig, dass es 1,9 Prozent mehr gibt. Doch man streitet über den Starttermin und einige Millionen im 9,3-Milliarden-Etat. Wenn das Ganze nicht so lächerlich wäre, wäre es wohl zum Heulen.

15.6.2015

Nimbus 2015

Nimbus heißt „dunkle Wolke“, wobei die alten Lateiner auch jenen Nebel meinten, der die Götter umwallte. Heute übersetzt man das Wort bevorzugt mit „Heiligenschein“, „Ruhm“ oder „Glanz“. Der superschnelle Superbesen, den Harry Potter flog, hieß bekanntlich „Nimbus 2000“.

Dies sei erwähnt, um die Auslassungen von Susanne Hennig-Wellsow deuten zu können. Denn die Landesvorsitzende der Linken will „einen Nimbus“ bei Bodo Ramelow entdeckt haben – der sich, wie sie sagte, gerade nochmals verstärke. Dass der Mann den größten Bahnstreik aller Zeiten schlichten dürfe, zeige doch eindrücklich, was für ein ganz und gar großartiger Ministerpräsident er sei.

Nun, erst einmal zeigte es der interessierten Öffentlichkeit, was für ein unorthodoxer Ministerpräsident Ramelow ist. So kam es noch nie vor, dass ein aktiver Regierungschef eine solche Aufgabe übernimmt. Und es passierte genauso selten, dass ein gerade berufener Schlichter als erste Amtshandlung eine Seite im Tarifstreit frontal angriff. Die Bahn sei an allem Übel schuld: So darf man wohl den langen Monolog zusammenfassen, den Ramelow vor den Kameras in der Staatskanzlei hielt. Die Gewerkschaft hingegen habe in fast allem Recht.

So mancher Koalitionär versuchte sich da an einem müden Lächeln und sagte ein geübtes „Ach, der Bodo“ auf. So sei er halt, da könne man nix machen. Außerdem habe er sich doch gebessert, irgendwie.

Tatsächlich ist es so, dass Ramelow sich und sein berüchtigtes Temperament halbwegs ins Regierungskorsett gezwängt hat. Er stimmt sich zuweilen ab, bevor er etwas öffentlich mitteilt, und er ruft nicht mehr so oft Journalisten an, um sich zu beschweren.

Kurzum, der Bodo geht dem Ramelow jetzt seltener durch. Doch natürlich ändert sich ein Mensch mit knapp 60 nicht mehr groß. Ob er den Landesvorsitz mal eben neu verteilt, wenngleich dies nicht ansatzweise in der Partei besprochen ist, ob er den neuen Kompromiss zu den freien Schulen vorstellt, der noch nicht im Koalitionsausschuss beredet wurde, oder ob er ein Datum zum Auslaufen des Landesbetreuungsgeldes festsetzt, das sich als falsch erweist: Ramelow bleibt für seine Mitregierenden unberechenbar.

Exemplarisch war der Fall des dritten Erstaufnahmelagers für Flüchtlinge, das keinesfalls in der leer gezogenen Bundeswehr-Kaserne in Mühlhausen entstehen sollte. So versprach es jedenfalls Ramelow – bis er das Gegenteil verkündete. Die Gründe, die er für seine Meinungsänderung angab, überzeugten kaum. Er hatte sich schlicht zu früh festgelegt und musste sich revidieren.

Das neueste, etwas anders gelagerte Beispiel sind die Schulhorte, welche schon die beiden gewesenen Landesregierungen an die Städte und Gemeinden abgeben wollten. Seit Jahren läuft dazu ein Modellprojekt in einem Großteil der Kommunen, die damit eigentlich ganz zufrieden wirken. Wenn das Geld stimmt, würden sie es gerne fortsetzen.

Doch Rot-Rot-Grün will demnächst entscheiden, dass alles überall wieder so werden soll, wie es einst war. Hort und Schule als Einheit sei für die Kinder das Beste, heißt es. So hat es die Linke immer gesagt. So steht es im Koalitionsvertrag. So hat es Bodo Ramelow mit beschlossen.

Doch nun, hört man übereinstimmend von etlichen Beteiligten, vertrete der Ministerpräsident eine andere Meinung. Er finde die Idee mit den kommunalen Horten, die er zuvor bekämpfte, auf einmal ziemlich gut.

Der Grund? Schwierig, zumal bei Ramelow. Eine Erklärung: Ohne die Abgabe der 1300 Hortnerinnen an die Kommunen funktioniert der sowieso kaum erfüllbare Personalabbauplan der Regierung nicht mehr. Auch wenn das Land am Ende die Stellen in jedem Fall bezahlen muss, wären sie bei den Kommunen wenigstens aus der eigenen Statistik verschwunden.

In der Linken bleibt man dennoch hoffnungsfroh. Ramelow, heißt es, sei zwar wechselhaft – aber dies funktioniere in jede Richtung. Er ist da offenbar so schnell wie ein Nimbus 2015.

15.6.2015

....

Ritter Ramelow

Die Sommertour, das wurde schon in früheren Sommerkolumnen beschrieben, ist inzwischen ein unvermeidlicher Bestandteil des Sommerpolitikgeschäfts, so wie das Sommerinterview und das Sommerloch. Das gilt insbesondere für einen Vorwahlkampfsommer.

Und so kam es, dass eines Sommertags ein nicht mehr ganz junger Mann in himmelblauem Poloshirt, Brille und karierter Schiebermütze in dem kleinen Ort Hirschberg stand. Er gestikulierte aufgeregt, hüpfte fast, während er Sätze wie diesen schrie: „Der Wald verreckt, seht ihr das nicht?"

Vielleicht lag es an der Hitze, oder vielleicht auch daran, dass sich Schöneres vorstellen lässt, als auf ein paar andere nicht mehr ganz junge Männer zu treffen, die einem mal eben vorwerfen, den eh arg geplagten Wald ideologiebedingt sterben zu lassen. Wahrscheinlich hatte es aber insbesondere damit zu tun, dass der Mann mit der Schiebermütze Bodo Ramelow war.

Der linke Ministerpräsident, auch dies wurde bereits an dieser Stelle thematisiert, ist ein potenzieller Wutpolitiker. Die Lunte, die zum Sprengsatz führt, kann unter Umständen, zu denen auch die unberechenbare regierungsamtliche Betriebstemperatur gehört, sehr kurz sein. Wenn es dann zur Explosion kommt, trifft es zumeist gerechterweise alle ohne Ansehen der Partei, die in der Nähe sind, Genossen, Koalitionspartner, Bedienstete, Journalisten, Internetnutzer und jeden, der ihm zu widersprechen wagt oder nur den Eindruck erweckt, dies möglicherweise vorzuhaben.

In diesem Fall mussten bloß ein paar Menschen in Hirschberg auftauchen, um mit einem Schild, auf dem tote Harzfichten zu sehen waren, gegen die sogenannte Stilllegung eines Waldareals in der Region zu protestieren. Der Umstand, dass sich die Kritik eher gegen die grüne Umweltministerin richtete, mit der Ramelow an diesem Tag unterwegs war, schien den ministerpräsidentiellen Furor erst recht anzufachen: Mit paternalistischer Inbrunst warf er sich vor die Kabinettskollegin, obwohl diese, wenn man ihre indignierte Mimik richtig interpretiert, nicht unbedingt von Ritter Ramelow gerettet werden wollte.

Sowieso tat der Ministerpräsident alles, was, zumindest bislang, im Verbotsteil jedes Politikerknigge steht: Er belehrte, unterbrach, hörte nicht zu und wurde immer lauter. Der eindrückliche Videobeweis des Kollegen Peter Cissek von der Ostthüringer Zeitung findet sich im Netz.

Doch wie es so oft ist bei Bodo Ramelow: Mit vielem, was er der verdutzten Wählerschaft entgegenschrie, hatte er durchaus recht. Er referierte im Stakkato Fakten und verwies die Protestierer, die vom örtlichen CDU-Landtagsabgeordneten und JU-Landeschef begleitet wurden, auf die unbestreitbare Tatsache, dass es, wenn es so trocken bleibt, um die Existenz des Waldes insgesamt geht und nicht um die Frage, wie nun genau ein paar Hundert Hektar bewirtschaftet werden.

Peter Cissek schrieb in einem Kommentar zu diesem Thema: „Einerseits war es schockierend mitzuerleben, wie der Landesvater mit seinem Wahlvolk umging. Doch andererseits beklagen viele Leute, dass es kaum noch Politiker mit Charisma, Ecken und Kanten gibt, sondern nur noch welche, die vorsichtig formulieren, die keinen Klartext reden. Je öfter ich mir das Video angesehen habe, muss ich als Nicht-Forstfachmann sagen, dass Ramelows lautstark vorgetragene Argumente einleuchtend sind."

Damit hat er einen zentralen Teil des Phänomens Ramelow prägnant zusammengefasst. Denn egal, ob der Regierungschef auf Twitter Leute anpöbelt, in Bürgergesprächen laut wird oder in Interviews Journalisten zusammenstaucht: Er ist zumeist informiert – und, das ist für die Außenwirkung sogar noch wichtiger, immer ganz er selbst. Seine Ausbrüche mögen vielen Beobachtern unsympathisch erscheinen und für die direkt Betroffenen unangenehm sein: Sie sind echt, unverstellt, ja: authentisch.

Und, Authentizität ist nun mal die wichtigste, gleichzeitig aber nur schwer zu erlernende Fertigkeit des postmodernen Spitzenpolitikers. In einer Debattenlage, in der zunehmend Gefühl über Verstand siegt und Stimmung über Fakten, geht es noch stärker als einst um die Frage, welchem einen Menschen viele andere Menschen instinktiv vertrauen. Je näher die Landtagswahl rückt und je schneller der Umfragetakt wird, umso stärker drängt sich der Eindruck auf, dass diese Frage über die Zusammensetzung der künftigen Regierung in Thüringen entscheiden könnte.

6.8.2019

Deconstructing Ramelow

Wenn man den Ministerpräsidenten von Thüringen in einem Wort beschreiben müsste, dann passte am besten der Begriff des Suchenden. Selten nimmt Bodo Ramelow etwas für gegeben an, zumeist zweifelt und verzweifelt er: an sich selbst, an den Dingen, an Gott, an den Mitmenschen, an seiner Partei und, wer könnte es ihm verübeln, an journalistischen Schlaumeiern und Naseweisen.

Da Ramelow ein sehr öffentliches Wesen ist, im Alltag, in der Politik und im Internet, findet dieses Suchen ebenso öffentlich statt. Er verarbeitet sein Leben vor Publikum, seine schwere Kindheit, die Legasthenie, Krankheiten in der Familie, den Verlust eines Freundes, politische Erfolge, menschliche Niederlagen, einfach alles.

In Krisen treten die Eigenheiten eines Menschen besonders deutlich hervor. Und so begab sich Bodo Ramelow in diesem Jahr auf die öffentliche Suche nach einem Ausweg aus der Pandemie. Im März sprach er, die Familie seiner Frau in Parma vor Augen, von möglichen 60.000 Toten in Thüringen. Dann, im Mai, als die erste Welle noch nicht verebbt war, stellte er die Kontaktbeschränkungen infrage, um dies dann, das ist auch ein Muster, nicht so gesagt haben zu wollen. Ende Oktober, als sich die zweite Welle längst aufbaute, sprach er sich gegen einen erneuten Lockdown aus, nur um ihn kurz darauf widerstrebend mitzutragen. Nun, seit Thüringen ein einziger großer Hotspot zu sein scheint, ist der Ministerpräsident vom März wieder da, erscheint die Suche im Kreis vollendet. Dass er, auf Medien-Anfrage, die komplexe Weihnachtsfrage in finalem Beschlusston beantwortete, ohne Kabinett oder Parlament zu konsultieren: Das war, jenseits der Feststellung, dass er inhaltlich wohl recht hat, ein typischer Ramelow.

Die Leute, die ihn umgeben, in seiner Linken, in der Staatskanzlei, im Landtag, beteuern zu diesen Gelegenheiten immer wieder, was der Kolumnist nach zwei wechselvollen Beobachtungsdekaden bestätigen muss: Ramelow kann sich wirklich mit einer Situation quälen. Dann leidet er derart darunter, dass sie ihm den Schlaf raubt, die Nerven und seine sowieso prekäre Contenance.

Hinzu kommt das Ego, das Ramelow zuweilen regelrecht triggert. Die skandalöse Schmach, dass er, der freie Bürger und Abgeordnete, von diesem merkwürdigen Verfassungsschutz überwacht wurde, trieb ihn durch alle Instanzen bis hin zum Bundesverfassungsgericht, wo er schließlich siegte. Doch die Kränkung wirkt nach. Wird er darauf angesprochen, und dies auch noch von den Falschen, dann ist, wie nach einer provokanten Frage des „Spiegel", das Interview beendet – oder, wie nach der dreisten Bemerkung eines

AfD-Abgeordneten, der mittelfingerbewehrte „Drecksack" fällig.

Diese Distanzlosigkeit zu sich selbst und zu anderen, dieses Zurschaustellen von Widersprüchen und Gefühlen, diese Dauerberichterstattung aus dem eigenen Inneren, bedeutet im Umkehrschluss eine hohe, einmalige und zuweilen anrührende Nahbarkeit. Sie macht die besondere Wirkung des Politikers Ramelow aus. Dass er hochintelligent, rhetorisch begabt und strategisch versiert ist, dass er vernunftgesteuert agiert, aber auch instinktiven Populismus kann, dass er ideologische Grundüberzeugungen besitzt und gleichzeitig schlichte Realpolitik betreibt: Das alles ist ein Teil der Erklärung seiner Karriere. Aber wirklich erfolgreich macht ihn erst seine intuitiv-impulsiv-interessante Art, seine Emotionalität. Nur so hat er fast allein eine Partei, die anderswo schrumpfte, an die Spitze einer Landesregierung geführt.

Dieser Befund ist, jaja, nicht unbedingt originell, und er wurde auch schon an dieser Stelle beschrieben. Was neu ist, ist die Situation. Zwar hat Bodo Ramelow eine Flüchtlings- und eine sehr besondere Regierungskrise, in der er mal eben für vier irre Wochen sein Ministerpräsidentenamt verlor, durchstehen müssen – woran er die Öffentlichkeit vollumfänglich teilhaben ließ. Aber die aktuelle, geradezu toxische Kombination aus Pandemie, Wirtschaftskrise, Finanznot, gesellschaftlicher Zerrüttung und einer Minderheitsregierung im einem Vorwahljahr lässt alles das, was diesen Politiker ausmacht, noch einmal deutlicher hervortreten. Und wir sind live dabei.

8.12.2020

Das Virus

Bevor der zuvor unvorstellbar erscheinende Krieg begann, lag eine unvorstellbar erscheinende Krise nur halb hinter uns: die Corona-Pandemie. Das Virus Sars-Cov-2 in seinen Varianten von Alpha bis Omikron kostete auch in Deutschland zehntausenden Menschen das Leben, führte das Gesundheitssystem an seine Grenzen – und die Gesellschaft mit.

Jetzt, da in Europa Krieg herrscht, erscheint Corona wie ein Menetekel. Die Überforderung der Politik, die Vergiftung der öffentlichen Debatte, die Angst um Wohlstand: Dies alles war längst da – wurde aber von der Pandemie wie auf einem Seziertisch freigelegt.

Das Leben in Zeiten von Corona

Grenzen werden geschlossen, Messen abgesagt, Versammlungen verboten. Unternehmen taumeln in die Insolvenz, Börsenkurse stürzen ab, Geschäfte schließen. Europa wirkt kaum besser organisiert als nach dem Wiener Kongress vor gut 200 Jahren. Der Kontinent erscheint zunehmend als ein wirres Sammelsurium von Nationen, Fürstentümern und Stadtstaaten, dominiert von Eigeninteressen.

Wir alle, Bürger, Politiker, ja selbst einige habilitierte Virologen, stolpern gerade mehr oder minder unorganisiert durcheinander, schwanken zwischen Über- und Unterreaktion, mäandern zwischen Panik und Selbstberuhigung.

Entscheidungen, die vor einer Woche als richtig galten, sollen nun falsch sein. Und umgekehrt.

Dies alles findet statt in einer stetig neu verblüffenden Gleichzeitigkeit von gefühltem Ausnahmezustand und alltäglicher Normalität. Das Alles-ist-anders-Universum existiert parallel neben dem Alles-ist-wie-immer-Universum.

Für jeden Einzelnen hat spätestens jetzt das Leben in Zeiten von Corona begonnen, ohne Schulen und Kindergärten, ohne Restaurants und Theater, ohne Verwandtschaftsbesuche und Reisen, ohne Sport im Verein – und, für manche, auch ohne bezahlte Arbeit.

Die Belastungen, die das mit sich bringt, sind keineswegs gleich verteilt. Die Krise verschärft die bestehenden Ungerechtigkeiten sogar noch. Meiner Familie etwa geht es gut, nicht nur gesundheitlich, soweit man das wissen kann. Die schulbefreiten Kinder sind Teenager, solange das W-Lan nicht schlapp macht und der Kühlschrank regelmäßig aufgefüllt wird, sind sie zufrieden. Und wir leben in der Stadt, anders als im Wald sind der nächste Konsum und das Krankenhaus nicht weit.

Ich kann von daheim aus arbeiten, meine Frau wird das auch versuchen. Wahrscheinlich werden wir in ein paar Tagen ständig in unserer Wohnung aufeinander hocken, was auch ein soziales Experiment darstellt. Wer weiß, was dann alles passiert; der eine Sohn, der sonst bevorzugt mit dem Auto durchs Internet kurvt, redet sogar etwas von Brettspielen.

Aber das ist nur privilegierte Folklore, andere plagen echte Sorgen. Sie arbeiten im Supermarkt, im Krankenhaus, bei der Polizei. Oder sie sind Freiberufler und ihre Aufträge brechen ihnen weg. Oder sie haben kleine Kinder, die sie betreuen müssen, oder kranke Eltern, die zu pflegen sind.

Derweil ist die Welt zum Experimentierfeld geworden. Im SARS-trainierten Südkorea oder in Singapur setzt man auf Massentests und konsequente Fahndung nach Kontaktpersonen, scheinbar mit Erfolg. Die europäischen Länder versuchen es inzwischen fast überall mit Abschottung und Isolation, mit allen ökonomischen und sozialen Folgen, derweil die Fallkurve exponentiell nach oben geht.

Was genau wie und wann funktionieren wird, weiß niemand so recht. Es fehlen die Erfahrungen.

Das Corona-Virus, eigentlich SARS CoV2 genannt, lässt sich nur sehr eingeschränkt mit der bekannten Grippe vergleichen. Es ist neu, ansteckender und tödlicher.

Zumal, es gibt keine Medikamente und keine Impfung dagegen, die Gesellschaft ist nicht immunisiert. Dass der Verlauf der Erkrankung, die wiederum Covid-19 heißt, bei den meisten harmlos verläuft oder zu gar keinen Symptomen führt, resultiert nur in einer noch schnelleren Ausbreitung.

Die meisten von uns, das ist inzwischen wissenschaftlicher Konsens, dürften sich infizieren, irgendwann. Also geht es nur noch darum, dieses Irgendwann zu verzögern. Ansonsten würde, wie in Teilen Italiens zu besichtigen, das Gesundheitssystem kollabieren. Es gäbe dann auch Tote, weil es an Geräten und Ärzten fehlt.

Damit stellt diese Krise die alten existenziellen Fragen neu. Sind wir als Menschen dem Menschen ein Wolf? Regiert der Sozialdarwinismus, in dem die Alten, Armen und Kranken zum Kollateralschaden werden und die Fitten und Reichen eher überleben? Oder hat die Aufklärung doch nicht versagt, und wir schaffen es, den fragilen Gesellschaftsvertrag aufrechtzuerhalten, ja: ihn neu zu schreiben?

Ein jeder muss für sich entscheiden, wie er sich verhält. Solidarisch oder eigennützig. Panisch oder nüchtern. Umsichtig oder unverantwortlich.

Die nächsten Wochen und Monate werden viel mit uns anstellen, mit diesem Land, mit dieser vernetzten Welt. Die Pandemie ist ein Test für uns alle. Wir sollten gemeinsam versuchen, ihn menschenwürdig zu bestehen.

17.3.2020

…………………

Was Sie unbedingt wissen sollten

Sie wissen nicht, was die 3. ThürSARS-CoV-2-SonderEindmaßnVO ist? Sie halten „Click and Meet“ für eine Partneragentur? Bei Ihnen macht es nach der MPK nicht AHA?

Dann benötigen Sie dringend eine Weiterbildung durch das Robert-Koch-Institut in Coronanto. Das nach erfolgreicher Absolvierung des Kurses ausgestellte Zertifikat ermöglicht Ihnen den Erwerb eines Berechtigungsscheins, welches die Bedienung des Faxgeräts in der Impfanmeldeeinrichtung der Kassenärztlichen Vereinigung Thüringen erlaubt, falls Sie der Prioritätsgruppe 2.1.7.3.6, Untergruppe 8.5.4, Kategorie (b/c/h) angehören. Kurs 1: Grundbegriffe.

Allgemeinverfügung, die: Untergruppe der Sonderverordnung. Listet ➛ Einschränkungen in Sprache auf, die erst ab Besoldungsgruppe A15 verständlich ist.

Corona-App, die: MS-DOS-Programm, kompatibel mit 8-Bit-Computern. Floppy-Disk (5 ¼ Zoll) für Kontaktmeldung erforderlich.

Drosten, Christian: Corona-Gott.

Einschränkung, die: Behördenformulierung für Ausgangssperre.

Hotline, die: Bitte warten Sie, Sie werden mit dem nächsten freien Mitarbeiter verbunden. Bitte warten Sie, Sie werden mit dem nächsten freien Mitarbeiter verbunden. Bitte warten Sie, Sie werden ...

Hygienekonzept, das: Kondompflicht bei ➛ Öffnungsorgien.

Impfstation, die: Ehemalige Tierarztpraxis, 2. Stockwerk, ohne Parkplatz. Fahrstuhlzugang über Corona-Isolierstation.

Infektionskette, die: Ritueller Schmuckgegenstand. Schützt Querdenker vor Strahlung der ➛ Impfstationen.

Inzidenz, die: Anzahl konsumierter Alkoholeinheiten (entspricht 0,5 Liter Oettinger) pro 10 Einwohner binnen sieben

Stunden. Steigt in Thüringen dramatisch.

Kontaktnachverfolgung, die: Wurde von Gesundheitsämtern betrieben, bis Kästchenpapier und Bleistifte aufgebraucht waren.

Lauterbach, Karl: Apostel des ➛ Drosten. Lebt im Studio von „Anne Will".

Lockdown, der: Allgemeinzustand, dauerhaft. Wird in Thüringen am 5. Februar 2036 mit der 623. ThürSARS-CoV-2-SonderEindmaßnVO unter strikter Beachtung von ➛ Hygienekonzepten, ➛ Stufenplan und ➛ Inzidenz aufgehoben.

Lockerung, die: Lockvorgang im Vorfeld von Wahlen. Umkehrung von ➛ Einschränkung.

Maskenpflicht, die: Vermummungsgebot. Definitiv unnärrisch.

Maßnahme, die: Umschreibung von ➛ Einschränkung.

Merkel, Angela: Politikerin, die Mathe kann. Gefährdete Spezies.

Mindestabstand, der: Entfernung, die Deutschland bei der Impfgeschwindigkeit zu anderen Ländern einhalten muss, um nicht aus der Uno ausgeschlossen zu werden.

MPK, die: Verfassungsorgan, das nicht in der Verfassung steht, dafür aber über dem Parlament.

Mutante, die: bösartige Verwandte von ➛ Sars-Cov-2

Öffnungsorgie, die: Prostitutionsbetriebe öffnen („Click and Meet"). Siehe auch ➛ Hygienekonzept.

PCR-Test, der: Nasen-OP. Wird auch als Brechmittel eingesetzt.

Präsenzunterricht, der: Echte Vermittlung von echtem Wissen durch echte Lehrkräfte in echten Schulen. Unhygienische Praxis vor Einrichtung der ➛ Schulcloud

Querdenker, der: Glaubt nicht an den ➛ Drosten. Hält Corona für Biersorte und Exponentialfunktion für eine Erfindung von ➛ Merkel.

Restaurant, das: Wurde bei Ausgrabungen nahe der Erfurter Krämerbrücke entdeckt. Funktionsweise unklar, wird von der Universität Jena fernuntersucht. Siehe auch ➛ Theater, ➛ Museen, ➛ Ausstellungen, ➛ Hotels, ➛ Bars, ➛ Fitnessstudios (Kurseinheit 2).

R-Wert, der: Maßeinheit für Ratlosigkeit in der ➛ MPK.

Sars-Cov-2, das: Ganz mieses Ding.

Schulcloud, die: Sehr wolkige Angelegenheit. Funktioniert nur bei schlechtem Wetter.

Stufenplan, der: Wird stufenweise entwickelt. Jede Stufe dauert im Durchschnitt 4,524 Wochen.

Soforthilfen, die: Staatliche Gelder, die frühestens nach drei Monaten zu beantragen sind.

Spahn, Jens: Politikprometheus.

Videokonferenz, die: Aggressionsaufbautraining. Führt zu Suchterscheinungen (Candy Crush).

Zickzack, das: Bewegungsmuster von Ministerpräsidenten.

9.3.2021

....

Hallo, Herr Liefers!

Etwa 50 Schauspielerinnen und Schauspieler haben ihr diffuses Unwohlsein über den von ihnen als solchen wahrgenommenen Dauerausnahmealarmzustand kundgetan. Sie sagten in gut ausgeleuchteten Videos Sätze auf, die als sarkastisch wertvolle Kritik an Politik und Medien, aber auch der Mehrheit der Wissenschaftler verstanden werden sollten.

Zum Beispiel Miriam Stein: „Ich mache mir Sorgen. Ich finde, wir testen viel zu wenig. Es kann nicht angehen, dass Menschen denken, sie seien gesund, nur weil sie keine Symptome haben. Ich bin dafür, dass wir alle Altersgruppen, auch

Kleinkinder, auch Säuglinge, auch ungeborene Babys im Mutterleib zweimal täglich testen."

Oder Volker Bruch: „Ein Jahr lang hatte ich durchgehend Angst. Doch diese Angst lässt jetzt nach. Und das macht mir Angst. Ich will wieder mehr Angst haben. Denn ohne Angst habe ich Angst. Deshalb appelliere ich an unsere Regierung: Macht uns mehr Angst!"

Oder Jan Josef Liefers: „Ich möchte heute Danke sagen. Danke an alle Medien unseres Landes, die seit einem Jahr unermüdlich, verantwortungsvoll und mit klarer Haltung dafür sorgen, dass der Alarm genau da bleibt, wo er hingehört, nämlich ganz, ganz oben."

War das intelligente Satire? Oder eher platter Zynismus? Oder nur ein naives Missverständnis? Dies zumindest teilten einige der Protagonisten mit, als ihnen von der rechten Seite hämisch applaudiert wurde, derweil sich von links der inzwischen leider übliche Shitstorm zusammenbraute.

Vielleicht ist es ja so: Die Menschen, die sich an der Aktion beteiligten, sind ebenso überfordert wie viele unter uns. Auch sie tasten sich durch diese blöde Pandemie, schwankend, hoffend, zweifelnd, genervt, wütend. Auch sie haben keine Ahnung, was nun genau zu tun wäre. Auch sie sind sehr, sehr müde. Languishing nennt der Psychologe Corey Keyes das Syndrom, das sich wie eine Corona-Sonderverordnung auf die Seele legt.

Dennoch besitzen die Schauspieler, die sich an der Aktion beteiligten, so wie die meisten von uns ein Privileg. Sie müssen nicht, wie die gewählten Verantwortlichen, Entscheidungen treffen, die bedeuten können, dass noch mehr Menschen erkranken oder gar sterben – oder dass noch mehr Leute ihre Arbeit verlieren und Kinder ihre Chance auf Bildung. Sie müssen nicht, wie Ärztinnen oder Pfleger, im Dreischichtsystem immer jünger werdende Covid-Patienten betreuen. Und sie müssen wohl nicht, wie Café-Inhaber oder Ladenbesitzerinnen, um ihre wirtschaftliche Existenz fürchten.

Ihre Meinung dürfen, nein, sollen sie trotzdem äußern, unbedingt, jederzeit und überall. Machen ja ahnungsarme Kolumnisten auch ständig. Also, hallo Herr Liefers, willkommen in diesem undankbaren und unglaublichen zähen Streit! Denn dass diese Pandemie nicht nur gesundheitliche Schäden verursacht, sondern auch soziale, wirtschaftliche oder psychologische, darüber wird seit einem Jahr geredet, von der Politik und, ja, in den Medien.

Das Ding ist nur: Die Abwägung zwischen dem Lebens- und Gesundheitsschutz und anderen, nicht minder zentralen Grundrechten ist gerade in einer pluralen Gesellschaft mit multiplen Interessenlagen ein komplexer Prozess, in dem Kompromisse wie diese grotesk unlogische Bundesnotbremse entstehen, die am Ende niemanden zufriedenstellen.

Dies ist halt das Wesen von Demokratie, zumal dann, wenn sich eine extrem komplizierte Situation ständig verändert. Ja, wir wissen jetzt alle mehr über Sars-Cov2, und ja, es gibt Impfstoffe. Aber je stärker sich dieses Virus global verbreitet, umso öfter mutiert es. Es wird ansteckender, resistenter und vielleicht irgendwann sogar tödlicher. Gut möglich, dass die Vakzine, die jetzt gespritzt werden, bald kaum noch Schutz bieten und das Impfen wieder von vorne beginnt.

Ansonsten muss vieles endlich besser werden. Wieso mangelt es an Tests und Impfungen? Weshalb sind viele Maßnahmen gleichzeitig inkonsequent und überreguliert? Und warum wird aus den zahlreichen Fehlern kaum gelernt?

Das alles ist zu diskutieren – aber bitte auf Basis halbwegs überprüfbarer Erkenntnisse und ohne gegenseitige Diffamierung. Wer eine Diktatur herbeidemagogisiert, aber auch wer pauschal mit Doofworten wie „Coronaleugner" hantiert: Der hat kein Interesse an einer echten Debatte.

27.4.2021

Auf den Schaumkronen der öffentlichen Meinung

Zuweilen verhält sich die gesellschaftliche Meinungsbildung wie eine Epidemie: Sie verläuft in Wellen. Manche Menschen reiten auf den Schaumkronen. Andere setzen mitten im Sturm tapfer die Segel. Einige tauchen lieber einfach unter. Und nicht wenige paddeln wild gegen die Strömung.

Die allermeisten aber lassen sich tragen. Oder treiben. Als das Sars-Cov-2-Virus nach Europa kam, grassierte es vor allem im nördlichen Italien, wo auch die Familie von Bodo Ramelows Frau lebt. Nachdem die Särge auf Militärlastern durch Bergamo fuhren, war in der Erfurter Staatskanzlei ein Regierungschef im Panikmodus zu besichtigen.

Er hatte nach Anrufen in Parma und einer Krisenrunde im Kanzleramt die angenommene Todesrate auf die Bevölkerung hochgerechnet. Bis zu 60.000 Thüringerinnen und Thüringer, sagte er, könnten an dem neuen Virus schwer erkranken oder gar sterben.

Längst nicht nur Ramelow, hinter dem gerade das verrückte Thomas-Kemmerich-Interregnum lag, war von der neuen Situation überfordert. Er zeigte es nur mehr. Denn von AfD bis ZDF: Alle waren für einen schnellen und harten Lockdown.

Ein halbes Jahr später, im Herbst 2020, hatte Ramelow Corona gründlich satt, zumal Thüringen es glimpflich durch die erste Welle geschafft hatte. Also sagte Ramelow, dass er keinem Lockdown zustimmen könne, zumal ja wohl die meisten Menschen gar nicht an, sondern nur mit dem Virus gestorben seien …

Wie diese Episode ausging, ist bekannt. Selbst drei Großwellen und unzählige Corona-Beschlüsse später haben Deutschland und die Welt drumherum nicht aus dem Sturm gefunden. Was wurde nicht alles versucht: Großbritannien wollte die Durchseuchung testen und ließ es schnell bleiben. Australien und Neuseeland probierten Zero-Covid, was am Ende nur eingeschränkt funktionierte. Am besten bekamen es noch die Sars-gestählten Asiaten hin, der Rest sortierte sich dazwischen ein.

Dann, nur gut ein Jahr nach dem Ausbruch in China, waren die Impfstoffe da. Was für eine Erleichterung. Und was für eine Ernüchterung ein weiteres Jahr später. Natürlich, es hieß schon am Anfang, dass niemand wisse, wie lange die Impfstoffe wirkten. Auch über Fluchtmutanten wurde geredet und darüber, dass wie bei der Influenza Auffrischungsimpfungen nötig sein dürften.

Aber das wollten wenige hören, in der Politik, in den Medien, in der Bevölkerung. Stattdessen wurde die Impfung als Ausweg apostrophiert und von Freedom Days gesungen. Und natürlich sollte es niemals eine Impfpflicht geben.

Dabei hatte sich zu diesem Zeitpunkt, im Bundestagswahlkampf, die Delta-Variante längst durchgesetzt. Die Vakzine schützten vor Schwersterkrankungen, aber kaum noch gegen Ansteckung. Dennoch verlor Berlin nach der Wahl erst recht die Orientierung. Der Bundestag ließ die pandemische Notlage auslaufen – und beschloss gleichzeitig die Impfpflicht für das Gesundheitssystem, als Vorstufe für alle. Einmal steuerbord, einmal backbord.

Während die Politik durch den Sturm schwankte, hissten immer mehr frisch konvertierte Impfverweigerer, selbst ernannte Querdenker und in Schurwolle gefärbte Esoteriker die Piratenflaggen, um sich von Rechtsextremisten und sonstigen politischen Beutemachern kapern zu lassen.

Wie dem Sturm entkommen? Die Impfungen vermeiden das Schlimmste in den Krankenhäusern. Sie schützen Leben, sie vermeiden den Kollaps.

Aber sie sind eben nicht die Rettung; jedenfalls nicht bei einem Virus, das Milliarden Wirte hat und es auch bei der

Omikron-Variante nicht belassen wird. Schon deshalb ist eine Impfpflicht schwerlich begründbar, abgesehen davon, dass Ausgrenzen noch nie geholfen hat.

Nun rollt die nächste Welle, bei Corona, aber auch in der gesellschaftlichen Debatte. Markus Söder zum Beispiel hat ganz viel nachgedacht. Christian Drosten verbreitet vorsichtige Hoffnung. Und im Parlament wird endlich wieder ernsthaft debattiert.

Gut so. Irgendwann, ob nun dieses Jahr oder später, wird auch dieser Sturm enden. Dann, wenn alle Opfer gezählt und Schäden aufgenommen sind, werden wir uns gegenseitig viel zu verzeihen haben. Hier hatte ein gewesener Gesundheitsminister Recht.

18.1.2022

....

Der Parkplatzwächter der Pandemie

Nein, es ist nicht alles schlecht. Der trockene Januar liegt hinter uns, es wird erst nach 14.23 Uhr dunkel und zumindest in Dänemark ist die Pandemie vorbei. Jedenfalls hat das die Regierung dort so beschlossen.

Und, hey, es liegt Schnee in den hiesigen Bergen. Also begaben wir uns am Wochenende auf den Rennsteig. (In diese Höhen, sehr verehrte Kollegin Miriam H. aus B., solltest du dich bewegt haben, bevor du Schmu vom angeblich schneefreien Thüringen twitterst.)

Als wir schließlich jenen Ort erreichten, in dem es an 364,7 Tagen im Jahr nebelt, war doch tatsächlich auf dem großen Parkplatz ganz, ganz hinten eine klitzekleine Lücke zu finden. Der Weg zur Lücke gestaltete sich aber als spontanes Abenteuer. Wir fuhren, nein glitten über eine dicke Eisschicht, in der, um die Spannung noch zu erhöhen, bis zu 20 Zentimeter tiefe Krater gähnten.

Aber was tut man nicht alles für ein bisschen Möchtegernskaten.

Nachdem Schuhwerk gewechselt und Bauch eingezogen waren, sollte es losgehen. Doch plötzlich rutschten zwei schwarz bekleidete Menschen über das Eis herbei und begannen, mit klammen Fingern die Kennzeichendaten der nebenstehenden Fahrzeuge in ihre Gerätschaften zu tippen.

Nun stehe ich der gemeinen Ordnungswidrigkeit grundsätzlich recht aufgeschlossen gegenüber. Aber eine Strafgebühr mit Ansage? Also schlitterte ich auf meinen Skischuhen die hundert Meter zum nächstgelegenen Parkautomaten, zog meinen Parkschein und schlitterte wieder zurück, derweil in mir der Jungpionier und der Wutbürger miteinander stritten.

Als Ergebnis der inneren Kompromissfindung simulierte ich ein freundliches Gesicht und fragte den Genossen vom Ordnungsamt, ob vielleicht geplant sei, den Parkplatz zu streuen oder ihn auf eine andere geeignete Weise in einen straßenverkehrsordnungstauglichen Zustand zu bringen.

Der arme Mann nötigte sich ebenso ein Lächeln ab und antwortete: Ja natürlich, 150-prozentig, das stehe im Plan! Nur leider habe es in der Nacht schlimm geregnet und danach sei das Wasser blitzschnell gefroren. Was solle man da machen? Höhere Gewalt! Tja. Weil der Wind arschkalt wehte und die verharschte Loipe rief, ersparte ich uns allen den neunzigmalklugen Hinweis, dass meine Frage eigentlich darauf gezielt hatte, dass hier angeblich willkommene Wintergäste auf einen allgemeingefährlichen Parkplatz gelotst wurden, um sie danach schnöde abzukassieren.

Aber ich konnte mir die Antworten des Eisbeauftragten sowieso selbst geben: Er befolge nur Anweisungen, seine Behörde habe ihn losgeschickt, da gebe es, leider, keinen Ermessensspielraum. Zudem befinde sich laut kommunaler

Satzung und Stellplatzverordnung alles in bester Ordnung.

Später, als ich vergeblich versuchte, ausnahmsweise leise den Berg hinaufzujapsen, fiel mir die „Vierte Verordnung zur Änderung der Thüringer Sars-CoV-2-Infektionsschutz-Maßnahmenverordnung“ ein, mit der die Landesregierung diesmal aber ganz bestimmt das Virus ausbremsen wird. Obwohl inzwischen im Zugangsbeschränkungsdeutsch ausgiebig geschult, hatte ich zuletzt wieder arg bei der Übersetzung der sogenannten Maßnahmen für die genervte Leserschaft gekämpft.

Und ich dachte darüber nach, dass es, irgendwie, dem Präsidenten aller Ministerpräsidenten wie dem Parkplatzwächter vom Rennsteig ergeht. Er hat zu exekutieren, was Bund-Länder-Konferenzen und Anleitung der führenden Institute beschlossen haben. Zur Verteidigung verweist er auf die höhere pandemische Gewalt und sagt, dass gemäß Bundesinfektionsschutzgesetz und der 282. Ministerpräsidentenkonferenzprotokollnotiz alles genauso sein müsse: 1G im Pflegeheim, 2G bei Veranstaltungen (aber nur bis 50 Leute, dann 2G-plus!), 2G-plus in der Sauna, 3G in der Gaststätte, jeweils abhängig von Infektions- und Hospitalisierungsinzidenz sowie Covid-19-Intensivbettenquote.

Und so schlittert der Ministerpräsident missmutig durch die Kälte, verrichtet Dienst nach Vorschrift und wünscht sich, dass endlich wieder Sommer wird. Der einzige größere Unterschied zwischen ihm und einem Parkplatzwächter vom Rennsteig ist: Seine Strafzettel sind längst alle.

8.2.2022

Der Krieg

Zu den existenziellen Privilegien, die wir erst dann wirklich schätzen, wenn sie gefährdet sind, gehören demokratische Freiheiten, eine funktionierende Gesundheitsversorgung, anständiger Wohnraum und ausreichend Nahrung – und das Privileg, das in der finalen Konsequenz die Voraussetzung für alle anderen ist: Frieden.

Natürlich, es gab immer Krieg in dieser Welt, selbst in der sogenannten Friedensepoche seit 1945, selbst in Europa. Doch kein Krieg kam uns näher als der, der am 24. Februar 2022 ausbrach, als Russland die Ukraine überfiel. Keine bedrohte uns so sehr, unsere Werte, unsere Wirtschaft, unseren Wohlstand, und ja, auch unsere Sicherheit.

Vom Ende des Selbstbetrugs

Der Krieg in der Ukraine ist eine Katastrophe, deren Ausmaß und Folgen wir erst zu begreifen beginnen. Nebenbei beendet er die kommode Praxis, mit der wir uns allsonntäglich bei grünem Tee und frischem Gebäck gegenseitig versicherten, dass Europa aus der monströsen Geschichte der ersten Hälfte des 20. Jahrhundert ganz viel gelernt habe.

Niemand könne mehr einfach sein Nachbarland erobern, hieß es. Ein großer Krieg sei allein wegen der atomaren Abschreckung unmöglich geworden. Den Rest werde schon der freie Markt richten. Wandel durch Handel und so.

Wenn dann wieder auf dem Balkan, in Afghanistan, im Irak oder in Syrien die Bomben fielen, war das natürlich schlimm. Einige gingen demonstrieren oder kümmerten sich um Flüchtlinge, viele spendeten, die meisten wirkten zumindest betroffen. Aber auch nicht wenige schrieben ihre ganz speziellen Wahrheiten ins Netz und sorgten sich gar sehr, dass viele Migranten muslimische Männer waren.

Die Kriege im Jemen, im Kongo, in Armenien, in Tschetschenien oder Georgien wurden sowieso eher aus dem misstrauischen Augenwinkel wohlständiger Zivilisationsperspektive betrachtet. Anschließend wurde der nächste Urlaub in der Türkei gebucht.

Und Wladimir Putin? Wer es schlicht mochte, mimte den Möchtegern-Metternich: Die Annexion der Krim durch Russland sei eine dreiste Nummer, klar. Aber habe die Halbinsel nicht, mal ehrlich, immer zu Russland gehört, bis sie ein Chruschtschow im Suff der Ukraine überschrieb?

Gemäß dieser Erzählung kämpften in der Ostukraine auch vom Genozid bedrohte Separatisten gegen ein korruptes Staatsgebilde, das im Übrigen doch historisch ein Teil der Rus, des Zarenreichs oder Sowjetunion war. Alternativ gab es die sogenannte linke Perspektive, die ebenso gerne der Kreml-Logik folgte: Putin machte ja auch nichts anderes als einst Nato und Amerikaner im Kosovo.

Ja, dies war nicht unbedingt die Mehrheitsmeinung. Aber dafür existierte dieser Konsens: Deutschland benötigte russisches Gas und Öl; wahlweise, um wirtschaftlich zu wachsen oder um aus Atom und Kohle auszusteigen. Außerdem gab es ja noch die Gedenktage, gelegentlich derer wir uns mitteilten, dass alles friedlich bleiben müsse und uns des eigenen Geläutertendaseins vergewisserten.

Doch dieser Selbstbetrug ist nicht mehr möglich, es sei denn, man hat ein Hufeisen vor dem Kopf oder ist Fernsehphilosoph. Ich jedenfalls kann mir nicht mehr vormachen, dass ich zur ersten Generation gehöre, für die Frieden selbstverständlich ist. Ich glaube auch nicht mehr daran, dass manches von dem, das nur Jahrzehnte vor meiner Geburt geschah, nicht wieder geschehen könnte.

Mir ist, als würden die vergilbten Fotos aus den Familienalben gerade koloriert. Eins zeigt meinen Opa Fritz, wie er aus dem Krieg in sein südthüringisches Heimatdorf zurückkehrte, ausgemergelt, die Augen so leer. Dass er Menschen getötet hatte, dass sein Bruder Walter gefallen war, dass er einem menschenverachtenden System gedient hatte: Dies alles begleitete ihn bis zu seinem Ende.

Unsere Ahnen waren nicht bloß durch Krieg, Zerstörung und Flucht traumatisiert. Sie hatten oftmals Schuld auf sich geladen, an der Front, in der NSDAP, beim Wegschauen. Handelten sie freiwillig, wurden sie genötigt, ließen sie sich verführen? Sie redeten lieber nicht darüber.

Kaum eine Familie blieb verschont, aus tiefstem Schmerz und Elend entstand neues Leben. Ein Großvater meiner Frau wurde aus dem Osten vertrieben, seine Frau starb. Ihn verschlug es mit den Kindern nach Thüringen, in die Pension meiner Schwiegeroma, deren Mann in den letzten Kriegsmonaten gefallen war.

Die Kriegswitwe und der Kriegswitwer bekamen eine Tochter: meine Schwiegermutter, die jetzt stolz auf ihre vier Kinder und acht Enkel sein darf. Der älteste Enkel, unser großer Sohn, hat das sogenannte wehrfähige Alter erreicht.

Vor einigen Tagen sah ich im Netz ein Foto von einigen sehr nett ausschauenden, modisch bemützten Jungs in Kiew, in leichten Schuhen und engen Hosen; um die Beine hatten sie Knieschützer geschnallt, als wollten sie zum Skaten. Sie sahen aus wie unsere Kinder – einmal abgesehen von dem Umstand, dass über ihren Schultern Gewehre hingen.

Es ist wohl so, dass sich eine bittere Erkenntnis nicht mehr verdrängen lässt: Der Krieg hatte Europa nie wirklich verlassen.

15.3.2022

Wenn 1938 bei den Warmduschern anruft

Neulich trafen wir uns, um wieder einen 50. Geburtstag zu feiern. Von der Choreografie unterschied sich die Veranstaltung gar nicht groß von einem Abend im vorigen Jahrtausend, an dem wir mit viel Becks und noch mehr Marlboro Light die postsozialistischen Selbstzerstörungsmöglichkeiten erkundeten.

Dass wir mittlerweile arg alternde Männer sind, sah man uns allerdings spätestens an, als wir uns nach einer kurzen Nacht im kalten Schrebergarten aus den Schlafsäcken schälten. Immerhin, Jubilar und Schwager hatten wie einst im Mai unterm rosablühenden Kirschbaum geschlafen, während ich die Hütte mit der emsigen Maus wählte. Ich war halt schon immer der größte Warmduscher der Band.

Zu den notwendigen Anmaßungen der Jugend gehört die Einbildung, dass man niemals so alt sein werde wie die Eltern – oder doch wenigstens nicht so alt aussehend. Auch wenn sich dieser naive Gedanke sofort widerlegen lässt, so ist er doch viel zu schön, um nicht innigst geglaubt zu werden.

Irgendwann nahe des 40. Lebensjahrs, zuweilen auch deutlich früher, vergeht diese Illusion. Die Finalität des eigenen Daseins muss zur Kenntnis genommen werden, und sei es, weil einem die neue und tatsächliche Jugend diesen Umstand mit der gebotenen Brutalität mitteilt.

Zu den kränkenden Lektionen des Alterns gehört auch, dass darüber längst sehr viele kluge Leute sehr viel klüger reflektiert haben, philosophisch, psychologisch, medizinisch – einschließlich unzähliger Handlungshinweise, um die Resistenz der Resilienz (oder so) zu erhöhen. Man hatte es bloß bislang nie wirklich wissen wollen.

Dabei erscheint es, um das Mindeste zu sagen, ziemlich ineffektiv, dass der einzelne Mensch diesen schmerzhaften Erkenntnisprozess parallel zum Erwachsenwerden und Altern immer neu durchlaufen muss, obwohl doch in Jahrtausenden so viel Wissen darüber angehäuft wurde. Aber so ist, Aufklärung hin oder her, nun mal das Leben des vernunftbegabten Tiers.

Richtig blöd ist aber, dass nicht nur das einzelne Tier sich neu irren muss, sondern auch die ganze Herde. Mit jeder neuen Generation hat nun mal eine neue Zeit zu ziehen – oder weil jetzt alles global und englisch sein muss: die Future.

Die Nachgeborenen wissen es verlässlich besser. Sie werden es, selbstverständlich, auch besser als die Alten machen. Und sie werden die Welt retten. Diesmal wird es klappen, ganz bestimmt.

Dass sich die zyklischen Mechanismen dieser Welt leider nicht ändern wollen, dass weder Imperien, Ideologien noch Industrien ewig existieren, dass Frieden, Freiheit oder Fernheizung genauso schnell wieder verschwinden können, wie sie errungen wurden: Zu dieser ernüchternden Einsicht muss mindestens jede zweite Generation neu kommen.

Das gesellschaftliche Gedächtnis ist kurz, und das Aus-der-Geschichte-lernen-Ding funktioniert immer nur bedingt. Wenn die letzten Zeitzeugen tot sind, wenn auch das monströseste Verbrechen eingeordnet, verdrängt oder gedenkritualisiert ist, dann wird wieder eine wie auch immer geartete Alternative gewählt, ob sie nun Trump oder Orban heißt. Und wenn der letzte große Krieg lange genug vorbei ist, wird halt wieder ein Nachbarland überfallen, den sogenannten Lehren und der angeblichen Abschreckungslogik zum Trotz.

Nichts ist selbstverständlich, schon gar nicht in Zeiten multipler Krisen und einer Pandemie. Diese Erkenntnis ist nicht fatalistisch, sondern realistisch.

Auch dass in Frankreich gerade ein liberaler Präsident die Wahlen gewann, vermag nicht zu überdecken, dass mehr als 40 Prozent für eine schafspelzbemäntelte Rechtsextremistin stimmten. Sie hielt sich fast vollständig an das nationalistische, völkische und rassistische Drehbuch des vorigen Jahrhunderts. Und sie war damit fast vollständig erfolgreich.

In Deutschland gibt es die AfD; nur hat sie bisher, dafür lässt sich fast schon dankbar sein, den laut bellenden Höcke statt einer toxisch schmeichelnden Le Pen. Ansonsten versuchen hierzulande gerade eineinhalb Generationen zu verstehen, wie es bloß passieren konnte, dass im Jahr 2022 auf einmal 1938 anruft. Einige, so scheint es, möchten lieber nicht rangehen. Sie wollen ihre Illusion behalten.

Und die warme Dusche.

26.4.2022

Kein Entrinnen, nirgends

Wie es so da steht, in den teils grünen, teils verdorrten Hügeln um Weimar, erscheint Schloss Ettersburg wie ein Ort des Weltentrinnens. Anna Amalia, die Herzoginmutter, etablierte hier einst ihren Miniaturmusenhof; die dichtenden Denker kamen gerne und häufig, Herder, Wieland, Schiller, der unvermeidliche Goethe. Für die Kutschfahrt oder den Ausritt vom Residenzdorf im Tal galt es nur den buchenbewachsenen Ettersberg zu überwinden.

Neulich las der Schriftsteller Jakob Augstein im Schloss aus seinem ersten Roman. Er handelt vom Politikdarsteller Franz Xaver Misslinger, dem die Flucht aus der Vergeblichkeit seines Daseins final misslingt.

Nebenbei vergeht ein Zivilisationsmodell. „Der Westen ist am Ende“, spricht Augstein von der Ettersburger Bühne, und das wohlständige Bildungsbürgertum im Saal durchschauert es ein bisschen.

Er selbst, so versichert es Augstein dem gewohnt klug fragenden Kulturkollegen Michael Helbing, habe mit seinem misslichen Protagonisten überhaupt und gar nichts zu tun. „Ich funktioniere so nicht“, sagte er. Er gehöre nicht zu jenen Menschen, die möglichst rasch vor dem Nichts wegliefen, um schneller an einer sogenannten Spitze anzukommen.

Eine Weile später, Augstein hat ein paar Seiten vorgelesen, wiederholt Helbing seine Frage. Stecke nicht doch, tief drinnen, auch ein Misslinger in ihm? „Tja ...“, antwortet Augstein. „Das Problem haben wir ja alle.“

Nun ist Augstein keinesfalls Alle. Von Martin Walser bekam er einige Gene, von Rudolf Augstein Namen und Erbe. Im Ergebnis kann er der ungerechten Frage, ob er es auch ohne seine prominente Herkunft zum Großjournalisten und Zeitungsherausgeber geschafft hätte, kaum entkommen.

Inzwischen, die 50 ist überschritten, hat sich Augstein neu sortiert. Er verließ „das Meinungsgeschäft“, für das er sich, erstens, zu alt fühle und das, zweitens, „am Arsch“ sei. Erst gärtnerte er und schrieb darüber ein erfolgreiches Buch; in diesem Jahr folgte der Roman, der trotz einer vorwiegend unfreundlichen professionellen Rezeption nicht der letzte gewesen sein soll. Das nächste Werk, und das sagt der Autor so, als freue er sich schon jetzt auf die garstigen Kritiken, soll von der Liebe zweier Frauen handeln.

Doch so oder so, der Rückzug ins Private gelingt Augstein bloß eingeschränkt. Gelegentlich, sagt er und zitiert seufzend den Schriftstellervater, reagiere er auf Provokationen.

Aktuell steht Augsteins Name, so will es das Alphabet, als erster unter dem neuesten Antikriegsmanifest, in dem Schriftsteller, Journalisten, Wissenschaftler und Intellektuelle

„Waffenstillstand jetzt!" fordern. „Einen Diktatfrieden Putins darf es nicht geben", heißt es darin. „Der Westen muss sich Russlands Aggression in der Ukraine und weiteren revanchistischen Ansprüchen geeint entgegenstellen."

Einerseits. Andererseits, so wird gewarnt, wachse die Gefahr der Eskalation, bis hin zum Atomkrieg. Zur Zerstörung der Ukraine kämen die globalen Kriegsfolgen, mit Hunger in Afrika und Energiekrise in Europa. Deshalb gelte: „Je länger der Krieg andauert, desto mehr internationaler Druck ist erforderlich, um zur Verhandlungsbereitschaft beider Seiten zurückzufinden." Ja, es steht tatsächlich da: „Beider Seiten."

Klar, natürlich, sagt Augstein in Ettersburg, er verstehe die in Berlin vorherrschende Haltung, dass Russland der alleinige Aggressor sei und deshalb diesen Krieg nicht gewinnen dürfe. Denn dann könnten sich Wladimir Putin oder ein anderer Diktator zur nächsten Invasion ermutigt fühlen. „Ich bin ja nicht blöd, ich kapiere die Logik", sagt er. Er glaube nur nicht daran.

Woran Augstein glaubt: Die Waffenlieferungen einzustellen und den ukrainischen Präsidenten Selenskij dazu zu bringen, nicht mehr vom Sieg zu reden. „Der Job von Olaf Scholz wäre es, da hinzufahren und zu dem Mann zu sagen, das wird nicht funktionieren, hör mal auf, das deinen Leuten zu sagen. Ihr werdet die Russen nicht besiegen. Das klappt nicht. Ihr macht euch und euer Land kaputt."

Dann ist die Lesung vorbei. Das Publikum spendet freundlich Beifall, der Schriftsteller signiert Bücher und setzt sich zum Pfifferlingsomelett auf die Schlossterrasse. Von hier öffnet sich der Blick zu der Schneise, die hinauf zum Berg führt, zum vormaligen Konzentrationslager, in dem mehr als 50.000 Menschen ermordet wurden.

Diese Welt bietet kein Entrinnen.

5.7.2022

Mach's gut

Das Verhältnis der Menschen in der DDR zur Sowjetunion war eines der Unterordnung. Sie lebten in einem der vielen Protektorate, das zudem gleichzeitig als Schutzwall und Aufmarschgebiet diente, mit Hunderttausenden Soldaten und mit Atomraketen. Jedwedes Oppositions- oder Reformstreben wurde unterdrückt, und sei es mit Panzern. Die Kontrolle war vollständig. Nichts wurde in Ost-Berlin ohne Moskau entschieden. Funktionäre, die dagegen verstießen, wurden ersetzt.

Parallel dazu perfektionierten die Agitations- und Propagandaabteilungen das Bild des großen Bruderstaats. Von der Sowjetunion lernen, hieß: Siegen lernen. Und alles andere natürlich auch.

Sämtliche Bereiche der DDR waren mit der SU symbiotisch verbunden, politisch über die Politbüros, wirtschaftlich über den RGW, militärisch über den Warschauer Pakt – und zivilgesellschaftlich über die DSF, die Gesellschaft für Deutsch-Sowjetische Freundschaft, in die nahezu jeder DDR-Bürger schon in früher Jugend eintrat.

Russisch war Pflichtfach in den Schulen. Die Kinos zeigten bevorzugt sowjetische Filme. Sowjetische Autoren, Komponisten und Liedschaffende wurden millionenfach verlegt. Dazu gab es allerlei Klassenfahrten, Studienstipendien, Patenschaften. Abertausende DDR-Menschen arbeiteten an der Druschba-Erdgastrasse.

Als ich Anfang der 1970er-Jahre geboren wurde, war die DDR längst durchsowjetisiert. Es existierte eine Art Hassliebe zu Moskau. Hass, weil das System unfrei, totalitär war. Liebe, weil die SU so groß, so kulturell vielfältig und am Ende oft auch alternativlos war.

Hinzu gesellte sich Stolz, wenn die SU gemeinsam mit der DDR bei Olympia abräumte oder vor den USA das All eroberte. Ansonsten funktioniert auch die schlichteste Propaganda, wenn sie nur oft genug wiederholt wird.

Nach einer Weile war die Abhängigkeit nicht mehr nur angeordnet. Sie wurde gelebt. Und sie wirkt, wie zurzeit auf ostdeutschen Straßen zu beobachten ist, bis heute nach – wobei sie zumeist der Wladimir-Putin-Doktrin folgt, gemäß der die Sowjetunion Großrussland war, das es wiederherzustellen gelte. Aber dies nur nebenbei.

Doch im Jahr 1985 geschah dann etwas ganz und gar Unerhörtes. Nach einer Abfolge alkoholabhängiger und halbdementer Greise übernahm ein Funktionär die Spitze der SU, der so ganz anders wirkte als seine Vorgänger. Er war mit 54 erstaunlich jung, er redete tatsächlich frei, und ja: Er suchte sogar den Kontakt mit normalen Menschen.

Er besaß offenkundig keinen fertigen Plan. Aber er erkannte, dass es so nicht weitergehen konnte. Das Wettrüsten hatte in Kombination mit einer zunehmend dysfunktionalen Planwirtschaft die Sowjetunion ruiniert; die Substanz war aufgebraucht. Und so begann er, tastend, Schritt für Schritt, ein Experiment, das noch 1968 mit sowjetischen Panzern beendet worden war und das bis heute das Ideal linker Parteien und Bewegungen geblieben ist: den demokratischen Sozialismus.

Was der Mann damals – so wie die allermeisten – nicht überblickte, obwohl es im Nachhinein so logisch, so zwingend erscheint, war die Tatsache, dass das gesamte, teils durch Kriege erschaffene Sowjetsystem ähnlich wie das Zarenreich davor allein durch Unterdrückung zusammengehalten wurde.

In der DDR, die besonders intensiv mit jeder ihrer gesellschaftlichen Fasern mit Moskau verbunden war, verursachte dies eine kognitive Dissonanz. Sie verwirrte die Obrigkeit, beglückte die Beherrschten und ließ die überkommenen Machtstrukturen erodieren. Die immer verzweifelter wirkenden Versuche der Obrigkeit, die DDR vom Großen Bruder abzunabeln, gar Filme oder Zeitschriften zu verbieten, bewirkten nur, dass sich die Menschen noch stärker an der Sowjetunion ausrichteten. Zumal die SED es natürlich nicht wagte, sich offiziell gegen Moskau zu stellen.

Der Hass verschwand – vorerst. Was blieb war Liebe, vor allem für jenen mutig-zaudernden Mann an der Spitze, der neben vielen Fehlern auch vieles richtig machte, vor allem in jenen historischen Momenten der Jahre 1989 und 1990, als sich die Menschen in der DDR und danach in ganz Deutschland aufmachten, ihren eigenen, selbstbestimmten Weg zu gehen.

Nun, da der Ungeist des implodierten Imperiums wieder sein Haupt erhebt, hat Michail Gorbatschow die Welt, die er entscheidend veränderte, für immer verlassen. Mach's gut, Gorbi. Und danke.

6.9.2022

Mein klopfend Hasenherz

Die allseits abgefragte Unzufriedenheit mit den Verhältnissen steigt mal wieder, die mit den Regierenden sowieso. Lange, bevor der Winter, bei dem ich mal insgeheim auf die Klimaerwärmung setze, begonnen hat, friert die Stimmung erwartbar ein – was wiederum ebenso erwartbar die AfD und so manche angebliche Linke für ihre eingeübte Erzählung nutzen, dass das ganze sogenannte System dekadent, dysfunktional und komplett daneben sei.

Gegen die Demokratie an sich haben die selbst ernannten Retter des Abendlandes natürlich nullkommanix, ganz im Gegenteil. Demokratie bedeute Herrschaft des Volkes, sagen sie. Deshalb müssten halt nur wieder zuallererst und allein die Interessen des deutschen Volkes zählen! Des Volkes ohne Doppelpass und Genderstern, versteht sich.

Nun ist die real existierende Volksherrschaft wahrlich eine komplexe Angelegenheit. Der so bezeichnete Souverän delegiert seine Macht an Abgeordnete, die sie zu großen Teilen an die Regierung delegieren, die sie dann, wenn es konkret wird, wiederum an jene delegiert, die sich wirklich auskennen, also an die Beamten und anderen Fachleute, die bekanntlich die Dinge bevorzugt so regeln, wie sie diese schon immer regelten.

Darüber hinaus ist die deutsche Demokratie föderal organisiert, wobei im Bund und den 16 Ländern mindestens zwei, oftmals drei unterschiedlich ausgerichtete Parteien in den unterschiedlichsten Kombinationen miteinander regieren, derweil alle Nase lang in irgendeinem Niedersachsen Wahlen stattfinden. Diese, sagen wir mal, Pluralität produziert insbesondere in Krisen eine unerträgliche und unproduktive Kakophonie.

Der Ablauf ist stets ähnlich. Die Beteiligten und die, die sich als solche betrachten, reden wochen- oder gar monatelang durch- und gegeneinander, dann gibt es Koalitionsausschüsse, Sondersitzungen und Ministerpräsidentenkonferenzen, gefolgt von Kabinetts-, Bundestags- und Bundesratsbeschlüssen, bis der nächste Impfpflicht-Unfug (kein Fremdschutz, aber Bußgeld), teure Koppeldeal (9-Euro-Ticket gegen Tankrabatt) oder ideologisch induzierte Formelkompromiss (AKW vielleicht im Streckbetrieb, aber nur als Reserve, mal sehen) gilt.

Das neueste Unbeispiel ist die Gasumlage, bei deren Erfindung die Macht nicht nur delegiert, sondern sogar outgesourct wurde, und zwar an die betroffenen Unternehmen, die nur zu gerne beim Gesetzentwurf aushalfen. Was sollte da bitteschön rauskommen?

Statt sich zu überlegen, auf welchem Weg die Energiepreise so zu deckeln sind, dass sie Unternehmen und Bürger noch bezahlen können, aber trotzdem sparen, und statt dafür zu sorgen, dass der Preis für das objektiv weniger verfügbare Gas nicht den Preis für den halbwegs ausreichend vorhandenen Strom in astronomische Höhen treibt, wird etwas beschlossen, was den Gaspreis noch erhöht. Am Ende landet das eingenommene Geld sogar noch teilweise beim Staat, weil er zwischenzeitlich einige der betroffenen Unternehmen übernahm.

In solch prekären Situationen stellt sich tatsächlich die Frage, wie krisenfähig diese Demokratie eigentlich ist, wie resilient und ja: wie überlebensfähig.

Gemäß Platon endet ja jede Demokratie irgendwann und unweigerlich in der Tyrannei. Passend dazu ist die These wieder in Mode, dass der Westen am Ende sei, natürlich nebst der Demokratie. Allüberall Angriffe und Attacken! Putin! Trump! Orban! Und jetzt: Meloni! Fühlt es sich nicht wieder so an wie vor 100 Jahren? Na also!

Nun ja. Ich halte es mit Churchill: „Demokratie ist die schlechteste aller Regierungsformen – abgesehen von all den anderen Formen, die von Zeit zu Zeit ausprobiert wurden." (Okay, das Zitat ist abgenudelt, aber immerhin belegt.) Und so versuch ich mich ausnahmsweise – in Widerspruch zu meinem ängstlich klopfenden Hasenherz – in vorsichtigem Kulturoptimismus. Denn so wie 1990 nicht der Westen siegte und die Geschichte mal eben endete, wandeln wir nicht ferngesteuert in den Untergang.

Vielmehr läuft die Impfpflicht im Gesundheitsbereich aus, statt der Gasumlage kommt demnächst der Preisdeckel, und wir werden alle halbwegs durch diesen blöden Winter schlittern, auch wenn dies jetzt, klar, aus der partiell und moderat beheizten Altbauwohnung geschrieben ist. Ansonsten bricht in Italien oder sonst wo nicht der Faschismus aus, Putin wird nicht die Atombombe einsetzen, und nein, wir werden nicht alle sterben.

Jedenfalls jetzt noch nicht.

27.9.2022

....

Höckes blaue Augen

Wie geht es eigentlich der AfD? Ganz prima, wirklich, jedenfalls im gar lieblichen Thüringen. Am vergangenen Samstag etwa parkten die zwei großen schwarzen Limousinen, mit denen der vorgebliche Staatsverfemte Björn Höcke nebst LKA-Personenschützern auf Staatskosten chauffiert wird, im gülden beschienenen Weimarer Land.

In der nahen „Pfiffelburg" des Örtchens Pfiffelbach hatten sich um die 250 Mitglieder der AfD versammelt, um auf ihrem Landesparteitag die Machtergreifung vorzubereiten. Natürlich, klar, „Machtergreifung" sagten sie nicht, 2022 ist ja nicht 1933 und die AfD nicht die NSDAP, da muss sogar ein Vertreter der „Regierungspropaganda" (Höcke) wie ich differenzieren.

Nein, der ewige AfD-Landesvorsitzende, der in Pfiffelbach im Amt bestätigt wurde, will bloß als neuerlicher Spitzenkandidat „die Machtfrage stellen", zur Landtagswahl in zwei Jahren, wenn es wieder gegen den Linken Bodo Ramelow geht. Höcke spricht ja auch nicht mehr von „Bevölkerungsaustausch" oder „Umvolkung", wenn er sagen will, dass finstere Mächte extra viele Migranten ins Land lassen, damit die echten, wahren Deutschen bald in der Minderheit sind. Er sagt jetzt „Ersetzungsmigration". Dies, erläuterte der Vorsitzende fein lächelnd, sei ja doch die Übersetzung des von internationalen Organisationen benutzten Begriffs „Replacement".

Dehnbare Zitate, versteckte Symbole, Codes aller Art: Rechtsextremisten lieben das. Höcke zufällig auch. Als er 2017 die Berliner Holocaust-Gedenkstätte als „Mahnmal der Schande“ bezeichnete, schaute er sehr verwundert aus seinen blauen Augen in die aufwallende Empörung: Er habe sich den Begriff doch nur von Rudolf Augstein geborgt.

Dieses Jahr, am 3. Oktober in Gera, rief er, „wir sind die Ersten von morgen“. Ein Satz, der auch von einem SPD-Parteitag stammen könnte, der aber dann doch eher 1987 in der Todesanzeige von Rudolf Heß stand: „Wir sind vielleicht die letzten von gestern, aber wir sind auch die Ersten von morgen.“

In Pfiffelbach wiederum sagte Höcke: „Wir sind seit dem 8. Mai 1945 nicht mehr souverän gewesen“, und meinte damit Deutschland. Das klang nach notorischem Reichsbürgertum, zumal er die USA eine „raumfremde Macht“ nannte, die aus Europa verbannt gehöre.

Aber nein, Höcke wollte nur Wolfgang Schäuble zitiert haben. Tatsächlich hatte der damalige Bundesfinanzminister 2011 gesagt: „Und wir in Deutschland sind seit dem 8. Mai 1945 zu keinem Zeitpunkt mehr voll souverän gewesen.“ Dass Schäuble damit die Einbindung Deutschlands in die EU betonen wollte, das sollte keinen kleinen Geist kümmern.

Man muss Tatsachen einfach nur, jetzt zitiere ich auch mal jemanden, um 180 Grad wenden, um sie dann möglichst trumpig vorzutragen. Im Ergebnis ist Russland nicht etwa Angreifer, sondern der Verteidiger gegen die „Kriegstreiber“ des Westens, derweil die Ukraine der Nato als Aufmarschfeld dient. Oder wie es Höcke formulierte: „Ich habe die Befürchtung, dass die US-amerikanische Regierung bis zum letzten Ukrainer kämpfen will.“

Zum Thema Krieg hielt der beurlaubte Geschichtslehrer dem Parteitag eine kurze Vorlesung: „Liebe Freunde, die alte europäische Friedensordnung, die bis zu Beginn des 20. Jahrhunderts galt, ermöglichte es, dass aus ehemaligen Kriegsgegnern wieder Partner wurden. Der Artikel 231 des Versailler Vertrages beendete diese europäische Tradition des Denkens und Handelns in Ausgleichskategorien. Der besiegte Kriegsgegner wurde zum Alleinschuldigen am Krieg, zum nicht nur militärisch Besiegten, sondern auch zum moralisch Besiegten erklärt. Die Forderung nach der bedingungslosen Kapitulation auch im Zweiten Weltkrieg war auch die logische Konsequenz derer, die sich im Besitz der allein selig machenden Wahrheit wähnten."

Aha. Nicht die Aggressoren beendeten also 1914 die Friedensordnung, es waren 1918 die Siegermächte und ihre Reparationsforderungen? Und 1945 zwang man die armen Nationalsozialisten in den Untergang, anstatt sich mit ihnen über die Aufteilung Europas und die Restauslöschung der Juden zu unterhalten?

Aber ne, das habe ich als Regierungspropagandist sicher nur wieder völlig falsch verstanden. Und dass ein Vorstandsmitglied in der „Pfiffelburg" dazu aufrief, „das Verbrecher-Altparteiensystem endgültig abzuschalten": Das war gewiss nur lieb gemeint. Die selbst ernannte Alternative für Deutschland ist nämlich jetzt auch Friedenspartei.

8.11.2022

Was ich sonst noch zu sagen hatte

Irgendwann, es war im vorigen Jahrtausend, studierte ich Politikwissenschaft. Das, was ich damals abstrakt zu verstehen versuchte, betrachte ich als Journalist in der Realität: die Strukturen genauso wie die handelnden Personen, die Machtkämpfe genauso wie die ideologischen Debatten.

Was ich zunehmend vermisse, wobei dies auch mit dem leidigen Alterungsprozess zu tun hat: den Versuch, den notwendigen gesellschaftlichen Streit aus der Mitte heraus zu führen, und nicht von den Rändern.

Die Verteidigung der Mitte

Sie kommen in Schlauchbooten oder Lastwagen, sie quetschen sich durch Stacheldraht oder Tunnel.

Auch wenn Hunderte von ihnen ertrinken, ersticken oder an Krankheit und Erschöpfung sterben, so sind es doch Hunderttausende, die es lebend nach Mitteleuropa schaffen und insbesondere nach Deutschland, das falsche Paradies. Denn auch hier bleibt die Flucht eine grausame Lotterie.

Mal dauert ihr Asylverfahren nur zwei Monate, mal zieht es sich über ein halbes Jahr. Mal ist ihr Heim halbwegs okay, mal völlig überfüllt und unbewohnbar. Mal werden die Menschen, wie letztens in Saalfeld, von winkenden Helfern an Zügen erwartet oder mal, wie kürzlich in Heidenau, vom zündelnden Mob.

Das Land, das sie zu ihrer neuen Heimat machen wollen, präsentiert sich zerrissen. Selbst wenn man die echten Extremisten abzieht, die Gewalttäter, die Rassisten und die, die Polizisten für legitime Ziele halten, so wird doch die Debatte von Extremen bestimmt.

Auf der einen Seite stehen jene, die der Meinung sind, dass jeder Ankömmling zu integrieren sei. Für sie ist alles ein einziger -ismus. Humanismus, Internationalismus und Multikulturalismus mischen sich zum pauschalen Refugees-Welcome-Slogan. Keiner muss wieder nach Hause gehen. Niemals.

Das wirkt sympathisch, aber nur so lange man exakt diese eine Meinung vertritt. Selbst wer nur differenzieren will, praktische Probleme thematisiert oder gar Parallelgesellschaften fürchtet, gilt für die Rechthabenden sofort als Kleinbürger aus Kaltland, und zwar von jener Sorte, die schon damals zuschauten, als die Nazis die Juden abholten. Oder man ist gleich selbst der Nazi.

Auf der anderen Seite, wo angeblich der gesunde Menschenverstand sitzt, mag man es nicht minder pauschal.

Kriegsflüchtlinge (für die ja eigentlich der Amerikaner verantwortlich sei) dürften zwar eine Weile bleiben, heißt es – aber nur, falls sie irgendwann (also baldmöglichst) wieder in ihre Ruinen zurückkehren. Der Rest, der sich mit Hartz IV einen Bunten mache, müsse sofort abgeschoben werden. Sonst komme erst die Krätze und danach der Untergang Deutschlands.

Beide Lager schlagen mit erkennbarer Lust aufeinander ein. Doch gemeinsam ist beiden Gruppen, dass es am allerliebsten gegen jene geht, die sich zwischen den Extremen aufhalten, in dieser gefährlichen, weil unideologischen Mitte. Das Konzept der Kooperation, aus dem sich Kompromisse entwickeln, aus denen wiederum so etwas wie ein Konsens entstehen kann, ist Extremen ebenso verdächtig wie das Institut der aufgeklärten Mehrheitsentscheidung, das die Meinung der Minderheit achtet. Unter dem Weltfrieden / der Rettung des Abendlandes machen sie es nicht.

Dabei ist ja, was die Flüchtlinge betrifft, gerade ein Konsens im Entstehen, der sich in etwa so zusammenfassen lässt: Jenseits dessen, dass es endlich einer gemeinsamen Außenpolitik bedarf, die den Nahen Osten befriedet und den Balkan-Staaten eine Perspektive gibt, bleibt in Deutschland das Grundrecht auf Asyl unangetastet.

Daneben müssen die Aufenthaltsregelungen erweitert und in einem effizienten Einwanderungsgesetz gebündelt werden. Die Flüchtlingsfrage wird als nationale Aufgabe definiert, auch was die Kosten betrifft. Das Asylverfahren ist zu beschleunigen und entbürokratisieren, die Integration zu verbessern und die Rückkehr der Abgelehnten human, aber auch konsequent zu organisieren.

So oder so: Das Grundgesetz gilt für alle, die in Deutschland leben, mit welchem Aufenthaltsstatus auch immer.

Natürlich wird es, wie zumeist in diesem unvollkommenen Ding namens Demokratie, nur eine unvollkommene Einigung geben, an der auch noch ständig herumzubasteln ist. Doch am Ende wird man sich immer genau an dem Ort treffen müssen, wo sich das Gravitationszentrum der Vernunft und das Herz einer Gesellschaft befinden.

In der Mitte.

7.9.2015

Bohren, Beziehungen und Berufspolitiker

Menschen, die sich mit Politik beschäftigen, begegnen an jeder beliebigen Stelle Max Weber. Er ist so etwas wie der Pate der Politikwissenschaft. Ein Student des Faches, er heißt Bernhard Vogel, zitierte ihn als Ministerpräsident gefühlt täglich mit dem brancheneigenen Kalenderspruch, dass Politik „ein starkes langsames Bohren von harten Brettern“ sei.

Weber verbrachte übrigens, so viel Lokalpatriotismus muss sein, seine ersten zarten Lebensjahre in Erfurt, selbst wenn er danach, auch das gehört zur Wahrheit, wohl nie hierher zurückkehrte. Immerhin gibt es in seiner Geburtsstadt jetzt ein nach ihm benanntes Kolleg.

So oder so lässt sich mit Webersätzen und Weberworten wie Gewaltmonopol, Verantwortungsethik oder Realpolitik nahezu jedwedes politische Handeln einordnen. Das Praktische für die Interpreten ist, dass sich der Interpretierte schlecht dagegen wehren kann: Er wurde vor ziemlich genau 100 Jahren von der damaligen Grippepandemie dahingerafft.

Weber definierte auch den Begriff des Berufspolitikers. An ihn stellte er, „als hehres Ideal“, Anforderungen wie Leidenschaft, Augenmaß, Standfestigkeit. Gleichzeitig schilderte er die nüchterne Realität unter anderem in Gestalt des „Parteibeamten“, der „Ämter oder andere Vorteile“ erwarte.

Das Allermeiste davon besitzt bis heute Gültigkeit. Wer zum Beispiel in die gar liebliche Landschaft schaut, in die Weber hineingeboren wurde, der darf dort alle Facetten des Berufspolitikertums betrachten, gute wie schlechte, exzeptionelle und banale.

Daran ist erst einmal nichts Besonderes. Aber es gibt Eigenarten, die mit der Geschichte und Größe Thüringens zu tun haben. In diesem kleinen Land, dem vor einigen Jahrzehnten fast die gesamte Elite abhandenkam, aus dem seitdem viele Qualifizierte abwanderten und in dem nach den DDR-Erfahrungen das Politikerdasein noch schlechter beleumundet ist, wirkt das Personalangebot, nun ja, äußerst eingeschränkt.

Das Resultat lässt sich vor allem dann betrachten, wenn ein Kabinett zu bilden ist oder Parteispitzen neu zu besetzen sind. Dann werden für Posten, die hohe Kompetenz und Verantwortungsgefühl verlangen, bevorzugt Webersche Parteibeamte gehandelt.

Dabei wirkt das Netz gegenseitiger Abhängigkeiten zwischen Parteien, Parlamenten und Regierung im übersichtlichen Thüringen noch enger als anderswo. Beispiele dafür gibt es in allen Parteien.

Der linke Ministerpräsident und sein Staatskanzleiminister etwa beförderten zuletzt mal eben ihre Büroleiter zu Staatssekretären. In der FDP ist ein Ex-Fraktionsmitarbeiter Parlamentarischer Geschäftsführer und Parteigeneralsekretär. In der CDU war der Referent einer Ministerpräsidentin nebenher Junge-Union-Chef und wurde dann Abgeordneter.

Die grüne Beziehungswirtschaft erscheint sogar wie ein in sich geschlossenes Patronatssystem. Die Bundestagsabgeordnete, die in Berlin die Fraktion führt, fing einst als Fraktionsreferentin im Landtag an. Zwei ihrer Ex-Büromitarbeiter sitzen als Ministerin und Minister im Landeskabinett, der neu berufene Parteigeschäftsführer kommt aus ihrem Wahlkreisbüro. Die Landeschefin wiederum arbeitete im Abgeordnetenbüro eines Ministers.

Und ja, auch die AfD kann längst „Altpartei“: Zwei vormalige Fraktions- oder Parteimitarbeiter sind jetzt Fraktionsmitglieder.

Dies impliziert ausdrücklich keine Aussage über die Fähigkeiten der einzelnen Politiker. Gerade Max Weber mied simple Verallgemeinerungen – weshalb er sogar, jenseits aller nötigen Kritik, auch ein paar Nettigkeiten über die „Pariakaste“ der politischen Journalisten zu sagen wusste.

Dennoch braucht es gerade heute, in Zeiten multipler und eskalierender Krisen, wieder mehr Menschen, die weniger Parteibeamte sind und mehr dem Ideal des Berufspolitikers genügen – und die in ihrem Berufsleben mehr als das Innere eines Verwaltungsapparats oder Parlaments gesehen haben.

Weber schrieb: „Wer vollends Politik als Beruf betreiben will, hat sich jener ethischen Paradoxien und seiner Verantwortung für das, was aus ihm selbst unter ihrem Druck werden kann, bewusst zu sein." Wie wäre es also, wenn die Landesparteien zur nächsten Wahl stärker Leute nach vorne stellten, die diesem Anspruch gerecht werden können?

Ja, klar doch, diese Aufforderung klingt wohlfeil. Aber dass Thüringen deutlich mehr gute, unabhängige Bohrexperten benötigt, vermag niemand zu dementieren.

2.6.2020

Von der Schmerzhaftigkeit des Lernens

Wir alle irren, in unterschiedlicher Häufigkeit vielleicht und in unterschiedlichem Grad: Aber wir irren. Wir alle wissen wenig, selbst wenn wir uns für einigermaßen intelligent und gebildet halten sollten. Wir alle lernen ständig hinzu – jedenfalls dann, wenn wir das zulassen.

Denn dieses Lernen ist anstrengend und zuweilen schmerzhaft. Gerade in pandemischen Zeiten steht oft am Ende die unerquickliche Einsicht, dass alles kompliziert, ja verwirrend ist und nichts selbstverständlich.

Da ist zum Beispiel der Altenburger Oberbürgermeister André Neumann. Er ruft gerne das, was er gerade vor sich hingedacht hat, per Twitter in die Welt. Neulich, kurz nachdem in Minneapolis George Floyd von Polizisten getötet worden war und der Protest auch durchs Netz wallte, schrieb Neumann: „Die letzten Tage auf Twitter kann man sehr gut beobachten, wie Schwarze den Rassismus von Weißen gegenüber Schwarzen nutzen, um gegen Weiße rassistisch zu sein. Eine unnötige moralische Überhöhung. Schwarze sind keine besseren Menschen als Weiße. Wir sind alle gleich."

Prompt durchlebte der Oberbürgermeister das, was man neudeutsch einen Shitstorm nennt. Er erhielt Hunderte überwiegend negative Kommentare und auch Beschimpfungen. Einige behaupteten, dass Neumann genau das sei, was er anderen zu sein vorwerfe: ein Rassist. Die Mitgliedschaft des Politikers in der CDU machte für sie die Zuordnung noch einfacher. Denn diese Partei, die sich demokratisch nenne, sei ja doch nur eine verkappte AfD.

Wer sich nur ein bisschen näher mit Neumann beschäftigt hätte, der hätte mitbekommen können, dass der Mann am lautesten protestierte, als ein gewisser FDP-Politiker mit den Stimmen von CDU und AfD zum Ministerpräsidenten gewählt wurde. Aber das passte natürlich nichts ins Bild.

Jenseits dessen war das, was Neumann schrieb, eine alte Relativierungsübung. Theoretisch, das stimmt natürlich, kann jeder Mensch gegenüber jedem anderen Menschen rassistische Vorurteile hegen, ganz unabhängig von Hautfarbe oder Herkunft. Praktisch aber kommt es darauf an, wer von beiden strukturell benachteiligt ist – und wer nicht. Mit dem angeblichen Rassismus gegen Weiße verhält es sich daher wie mit dem Sexismus gegen Männer: Er hat kein System.

Alle sind gleich, sagte der Oberbürgermeister. Stimmt, so stand es ja schon in der Unabhängigkeitserklärung der USA. Doch leider wurde dieser großartige Text ausschließlich von weißen, oft reichen Männern unterzeichnet, von denen nicht wenige Sklaven hielten und im Übrigen der Meinung waren, dass Frauen weder Wahl- noch Entfaltungsrechte zustehen.

Selbst als nach dem Bürgerkrieg die Sklaverei abgeschafft war, herrschte in den Südstaaten bis in die 1960er-Jahre eine Art Apartheidsystem, in dem sich Strukturen und Stereotype verfestigten, die bis in die Gegenwart nachwirken.

Wer heute als Schwarzer in den USA lebt, kann Präsident werden, das ja. Aber im Durchschnitt lebt er nicht nur kürzer und schlechter als ein Weißer, sondern auch gefährlicher. Er muss nur durch ein weißes Wohnviertel joggen, um von Möchtegern-Sheriffs gejagt und erschossen zu werden. Oder er muss bloß Zigaretten mit einer womöglich fragwürdigen Banknote kaufen, um unter dem Knie eines Polizisten zu verenden. (Dass Schwarze in Kriminalitäts- und Gewaltstatistiken auch als Täter überproportional vertreten sind, spricht nicht gegen diesen Befund, sondern ist vielmehr ein Teil davon.)

Aber es geht, natürlich, nicht nur um die USA. Menschen, die in Deutschland nicht ganz so aussehen und reden wie die Mehrheit, bekommen schwerer eine Wohnung oder eine Arbeit. Sie werden öfter beschimpft oder geschlagen und manchmal, wenn sie in ihrem Blumenwagen stehen, um Sträuße zu binden, kommen zwei Eingeborene aus Jena vorbei und schießen ihnen in den Kopf.

Aber was weiß ich schon, als alternder weißer Mann, und das sage ich ausnahmsweise ohne kokette Pseudoironie. Ich kann viel über Rassismus nachdenken und ich kann dagegen protestieren. Aber erfahren habe ich ihn genauso wenig wie André Neumann, der inzwischen seinen Tweet als „dämlich" bezeichnet und sich dafür entschuldigt hat.

Er habe sich geirrt, sagte der Oberbürgermeister, worauf einige jener, die ihn als Rassisten diffamiert hatten, sich ebenso korrigierten. Na, geht doch.

9.6.2020

....

Vom Recht, Unfug zu sagen

Am Samstag, dem 3. Oktober, stand der frühere Grünen-Bundestagsabgeordnete und noch frühere Bürgerrechtler Werner Schulz im sächsischen Landtag und sagte dem Landeskorrespondenten der FAZ: „Den Ausfall meiner grünen Freunde hier im Landtag missbillige ich ausdrücklich. Das ist inakzeptabel, armselig und peinlich."

Eben hatte der CDU-Bundestagsabgeordnete Arnold Vaatz seine Festrede absolviert, in der er viel über 1990 und Sachsen redete und dann, wie es zu erwarten war, darüber klagte, über was er seit Jahren öffentlich klagt: einen vorgeblichen Konformitätsdruck, durch den jene, die nicht die vorherrschende Meinung wiedergäben, an den bevorzugt rechten Rand gedrängt würden. Die feine Ironie, dass er dies von einem Rednerpult eines deutschen Parlamentes in die Fernsehkameras hinein sagte, entging ihm offenkundig.

Aber es gab ja noch die Fraktionen von Linke, SPD und Grünen, die ihm gerne seine Ausgrenzungsthese bestätigten. Okay, die Abgeordneten durften zu Recht sauer sein, dass der CDU-Landtagspräsident sie nicht gefragt hatte, als er Vaatz einlud, den sie blöd finden. Aber dass sie auch deshalb einem Mann, der vor 30 Jahren den Freistaat Sachsen mitgründete, nicht einmal zuhören mochten und die Feierstunde boykottierten, war, wie es Schulz zutreffend formulierte, armselig und peinlich.

Vaatz, das stimmt, ist ein kohlhaashafter Dickschädel. Das war schon in der DDR so, als er nach der Niederschlagung der Solidarnosc-Bewegung in Polen den Reservewehrdienst verweigerte. Später, 1989, organisierte er die Stasibesetzung in Dresden, engagierte sich im Neuen Forum, wo er Schulz kennenlernte, ging in die CDU und wurde in den Landtag gewählt. Danach machte ihn Kurt Biedenkopf, den er nach Sachsen geholt hatte, zum Minister.

Auch heute kämpft Vaatz bedingungslos für das, was er für richtig hält, sei es noch so exklusiv. Wer ihm widerspricht, muss sich einiges anhören, der Mann ist nicht zimperlich. Aber damit ähnelt er vielen DDR-Oppositionellen, die besonders intelligent und gebildet waren, aber eben auch besonders kompliziert und streitbar.

Viele haben zudem ihr Trauma weg. Vera Lengsfeld wurde von ihrem Ehemann für die Stasi ausspioniert. Roland Jahn schob man geknebelt und gefesselt in den Westen ab. Vaatz musste in den Knast.

Das alles wurde später mannigfaltig gewürdigt, in Sonntagsreden und Sondersendungen. Im wahren Leben aber drängten Wendegewinnler und Westdeutsche die Bürgerrechtler oft genug zur Seite, weil diese sich, so wie schon in der DDR, nicht anpassten wollten oder konnten. Ihre Erzählungen davon wirken glaubwürdig, selbst wenn sie, wie bei Vaatz, von einem amtierenden Vizechef der Unionsfraktion im Bundestag kommen.

Also ja: Wer sich querstellt, muss querdenken. Trotzdem muss er nicht jeden Unfug von Querulanten glauben. Jüngst rief mich ein alter Freund an, er hatte eine Corona-Demonstration der selbst ernannten Querdenker in Berlin besucht und fragte mich, warum darüber die Medien, wie er fand, so einseitig berichteten. Ich versuchte mich im Widerspruch und fragte zurück, ob er denn tatsächlich finde, dass es fast wieder wie früher sei, so wie in der DDR. Er antwortete: Ja, doch, ein bisschen schon.

Das machte mich einigermaßen ratlos, am Telefon war ja nicht ein verblendeter hessischer Geschichtslehrer, der etwas von der Wende 2.0 und Lügenpresse faselte, sondern jemand, den ich respektiere, schätze, mag. Außerdem erschien mir, zumindest bislang, der strukturelle Unterschied zwischen einem System, dessen schiere Existenz auf der Unfreiheit beruhte, und einer Demokratie, die ohne Freiheit einginge, als zu deutlich, als dass man ihn groß erklären müsste.

Aber, was soll' s, dann ist auch darüber zu reden, nicht mit Neonazis oder sonstigen Extremisten, sondern mit Leuten, die hadern und zweifeln, und die zuweilen, aus meiner Sicht auf die Dinge, politischen oder wissenschaftlichen Quatsch erzählen. Ich verachte ja auch nicht jemanden, nur weil er Globuli gegen Corona nimmt.

Es mag sein, dass einige der Menschen, die ich 1989 bewunderte, aus der Zeit gefallen sind, dass sie sich von den Tichys dieser Welt benutzen lassen oder dass sie ihrem Bedeutungsverlust durch Selbstüberhöhung begegnen. Aber ich würde ihnen allein schon deshalb zuhören, weil sie einst, als es darauf ankam, einen Mut zeigten, den ich nicht besaß.
6.10.2020

....

Die Integration des Dr. Maaßen

Da stand er nun, im Saal „Simson" des Kultur- und Kongresszentrums in Suhl, der frisch nominierte CDU-Bewerber des Bundestagswahlkreises 196: Hans-Georg Maaßen, geboren in Mönchengladbach, wohnhaft in Berlin, vormaliger Präsident des Bundesamtes für Verfassungsschutz. Dazu noch: Wächter der „Werteunion", Märtyrer der Merkel-Herrschaft, Rächer der Roland-Koch-CDU und, einer geht noch, Träger der Tichy-Ehrennadel.

Trutzige Mannsbilder – und womöglich auch einige der arg vereinzelten Frauen – hatten ihn mit 37 Stimmen zum Kandidaten der Christlichen Demokratischen Union Deutschlands erwählt, entgegen dem erklärten Willen der Parteizentralen. Nur sechs Delegierte votierten für den einheimischen Gegenkandidaten.

Maaßen ist promovierter Migrationsexperte, er weiß, wie Integration geht. Und so twitterte er in die Welt: „In Südthüringen lebt ein starkes, liebenswertes aber durchaus auch selbstbewusstes und wehrhaftes Volk, das allergisch auf Ratschläge und Weisungen aus Rom, München oder Ost-Berlin reagierte. Auch wenn sie von Julius Caesar persönlich kamen. Ich möchte gerne dazu gehören!"

Früher hätte der Kolumnist bildungshubernd auf die nahenden Iden des März verwiesen und gefragt: Et tu, Maaßen? Doch im Jahr 2021 gibt es ja einen nigelnagelneuen und universell einsetzbaren Fachterminus – auch wenn er, dies ist einzuräumen, auf jener Seite der Barrikade geprägt wurde, auf der sich gemäß Maaßen bloß vegane „Ökosozialisten" tummeln.

Der Begriff lautet „kulturelle Aneignung". Schön für den Kandidaten ist, dass er hier von der Erfahrung anderer zehren kann, die politische Besiedlung des Ostens währt immerhin drei Jahrzehnte.

Die regionaltypischen Benimmregeln hat Maaßen auf seiner ersten obligatorischen Kreisbereisung eingeübt. Erstens: Überschwänglich jedwede Landschaft und jeden Marktplatz loben, so, als habe man noch nie einen Berg mit vertrockneten Fichten oder ein leergezogenes Fachwerkhaus erblickt. Zweitens: In wirklich jede Bratwurst beißen, und sei sie noch so fetttriefend und verkohlt. Drittens: Zu jeder unpassenden Gelegenheit den Revolutionsheldenstatus der geneigten Wählerschaft betonen.

Viertens ist nun die Nebenwohnung anzumieten, parallel zum Erstwohnsitz in Berlin. Thüringer Landesminister haben sie, Staatssekretäre sowieso. Und keine Angst, man muss sich darin nicht aufhalten, man muss sie nur haben, wozu gibt es Homeoffice.

Ansonsten sind, fünftens, im ländlichen Wahlkampf mindestens 15 Volksfeste, Kirmsen und Parteibesäufnisse pro Woche Pflicht. Aber da ist, puh, noch dieses Corona vor. Pandemiekompatible Fraternisierung geht aber auch beim öffentlichkeitswirksamen Wandern im Außenbereich, extra zünftig, mit Kniehose, Wams und festem Schuhwerk. Bernhard Vogel aus Göttingen/Speyer hat hier den Standard gesetzt.

Eine weitere, zentrale Aneignungstechnik ist, sechstens, die Besichtigung von Erfolgsunternehmen, glücklichen LPG-Bauern und Vorzeigevereinen. Hier wiederum hat es Bodo Ramelow aus Osterholz-Scharmbeck zur Meisterschaft gebracht. Niemand umarmt so detailwissend wie er, jetzt natürlich mit AHA-Regeln.

Siebtens: Die richtige Ansprache der Eingeborenen. Der Kandidat zeigt sich bereits versiert in politischer Anbiederungsrhetorik. Er habe, sagte er in Suhl, die wesentlichen Dinge längst im Blick – „wie beispielsweise die Südlink-Trasse, die Ortsumgehung Helba, die Vorbereitung der Weltmeisterschaften 2023 in Oberhof, die Einrichtung eines Südthüringer Oberzentrums, die Probleme der mittelständischen Wirtschaft insbesondere im Zusammenhang mit den Corona-Maßnahmen, den Ausbau der Wasserstofftechnologien in Sonneberg oder die schlimme Einbruchserie in Suhl-Neundorf im Zusammenhang mit der Erstaufnahmeeinrichtung." Jetzt, mit Volkes Hilfe, wolle er sich „in die Themen hineinknien".

Ach, man sieht ihn schon vor sich stehen, den leibhaftigen Thüringer Hans-Georg Maaßen, tannenaufrecht am Rednerpult des Bundestags, wie er der Brandenburger Kanzlerin aus Hannover davon berichtet, wie es bei ihm daheim, vor seinem Zweitreihenhaus in Zella-Mehlis, wirklich zugeht.

4.5.2021

Was bleibt

Es war zu der Zeit, als ich in Jena die Anmutung eines Studenten zu geben versuchte. Wenn ich nicht gerade im Café Immergrün herumsaß oder im Café Wagner Bier ausschenkte, schrieb ich für eine Frankfurter Zeitung, die damals noch etwas hermachte, und die mich Anfang des Jahres 1996 bat, etwas über diese Frau aus Ilmenau zu schreiben, also nicht über Claudia Nolte, sondern über die andere, die Professorin mit dem schwer auszusprechenden Namen.

Und so saß ich eines grauen Wintertags im Büro der Rektorin der Technischen Universität Ilmenau, was für sich genommen schon eine Besonderheit war. Denn überall sonst in der Bundesrepublik wurden Technische Universitäten ausschließlich von Rektoren geleitet.

Aber das war nicht der eigentliche Grund meines Auftrags. Der Redaktion ging es darum, dass die Rektorin, sie hieß Dagmar Schipanski, gerade an die Spitze des Deutschen Wissenschaftsrates berufen wurde. Das fand man in Frankfurt am Main überaus erstaunlich.

Was auch erstaunlich war: Ich wusste, was der Wissenschaftsrat war. Denn weil dieses Gremium darüber urteilte, wie die Investitionsmillionen des Bundes an die Hochschulen verteilt wurden, besaß es eine wichtige, wenn nicht gar die entscheidende Funktion bei der Wiedergründung der Universität Erfurt. Ich hatte auch diesen Vorgang aus einer – leider bis heute gebotenen – kritischen Perspektive journalistisch begleitet.

Was im Westen besonderes Interesse erzeugte: Dagmar Schipanski war nicht nur die einzige Rektorin einer TU und die erste Frau an der Spitze des Wissenschaftsrats. Sie stammte aus dem armen Beitrittsgebiet, aus dem wilden Osten, aus dem finsteren Thüringer Wald!

Dagmar Schipanski war diese bevorzugt geografische Betrachtung der Dinge ebenso suspekt wie die geschlechtliche, weshalb sie entsprechend unwirsch auf meine Nachfragen reagierte. Jaja, sagte sie in genervtem Ton, sie sei „die große Ausnahme“. Warum, na, das wisse sie auch nicht. „Es gibt kein Rezept.“

Warum auch sollte sich eine Rektorin, promoviert und habilitiert, auf den zufälligen Umstand reduzieren lassen, dass sie eine Frau aus Ostdeutschland war. Sie hatte zur Optimierung von Gassensoren, zu nanoelektronischen Strukturen für Hochfrequenzanwendungen und zu integrierten Halbleiterbauelementen geforscht. Sie saß im Forschungsbeirat des Bundeskanzlers und sie begutachtete wissenschaftliche Programme für die Europäischen Kommission. Und dann sollte sie doch nur die Ossifrau sein.

Dass sie überhaupt mit mir, einem Jungspund, einem langhaarigen und hyperschnellredenden Schnösel darüber redete, lag wohl daran, dass ich mein Abitur auf derselben Goetheschule wie sie absolviert hatte. Ich kannte aus der Ferne ihre Kinder, wie sie meine Eltern kannte. Ilmenau ist eine kleine Stadt.

Und Thüringen ist ein kleines Land. Ich machte das Schreiben über die Politik zu meinem Beruf und begegnete Dagmar Schipanski noch recht häufig. Denn drei Jahre, nachdem sie zur Vorsitzenden des Wissenschaftsrates berufen worden war, fragte Bernhard Vogel sie, ob sie nicht für die Union Bundespräsidentin werden wollte.

Sie sagte Ja, obwohl ihr klar war, dass sie CDU und CSU nur als Zählkandidatin gegen Johannes Rau diente und dass sie die meisten wieder nur als personifizierte Doppelquote beschreiben würden. Aber sie entschied sich offensiv dazu, das ganze dumme Gerede einfach zu ignorieren – und trat an.

Ihr Mut zahlte sich aus. Ja, Dagmar Schipanski verlor die Wahl in der Bundesversammlung. Aber sie hatte sich damit eine zweite Karriere eröffnet: in der Landespolitik als Wissenschaftsministerin und Landtagspräsidentin und in der CDU als Mitglied des Präsidiums und später des Vorstands.

Dabei machte sich Dagmar Schipanski Gegner. Ja, es gab neidische Konkurrenz, aber eben auch berechtigte Kritik, wobei von außen zunehmend der Eindruck entstand, dass sie wenig Lust hatte, zwischen dem einen und dem anderen zu differenzieren. Oder anders formuliert: Sie sah über ihre eigenen Misstritte deutlich großzügiger hinweg als über die Fehler der anderen.

Aber das ist nicht das, was nach ihrem Tod in der vergangenen Woche bleiben wird. Was bleibt, ist ein Mensch, der das erreichte, was er erreichen konnte, privat, beruflich, politisch. Und ja: Dass dieser Mensch eine Frau aus Ostdeutschland war, macht diese Leistung nur umso beachtlicher.

13.9.2022

....

Bekenntnisse eines Journalisten

Die Frage, ob Besserwisser zu Journalisten oder Journalisten zu Besserwissern werden, ist nach der üblichen Fünf-Minuten-Recherche bei Google als nicht ausreichend erforscht zu bezeichnen und kann deshalb, wir sind seriös und so, an dieser Stelle nicht beantwortet werden. Fest steht aber, dass Journalisten Besserwisser sind. In der Regel. Meistens. Na gut, immer, jedenfalls in ihrer männlichen Form, womit das generische Maskulinum für diese Kolumne preiswert entschuldigt sei.

Weil das so ist, wissen jetzt Journalisten auch ganz genau, was die Politiker in der Pandemie alles falsch gemacht haben, und alle anderen irgendwie Zuständigen ebenso, bis halt auf die Journalisten, die es vorher besser gewusst hatten. Oder etwa nicht? Hm, ich schaue lieber nicht ins Archiv.

Empirisch betrachtet, ist die Besserwisserei besonders ausgeprägt in Zeiten, in denen die Zukunft hinter scharfen Kurven verborgen ist, und sich hinter jeder Kurve etwas befinden kann, was man nicht unbedingt erwartete, obwohl es doch, sagen jedenfalls die Journalisten, völlig erwartbar war, ein Corona-Virus, ein mad president oder einer dieser Menschen, die meinen, sie müssten für ihren jeweiligen Gott möglichst viele andere Menschen umbringen.

Aber die mediale Besserwisserei ist nicht nur notorisch. Sie ist berufsbedingt, mehr noch, sie besitzt Verfassungsrang. Die Presse ist ja nicht, zumindest nicht vordergründig, deshalb frei, damit sie darüber berichten kann, wo die Bundeskanzlerin einkauft, sondern deshalb, damit sie mitteilen kann, was die Bundeskanzlerin wieder einmal falsch gemacht hat.

Viele etwa, die es zuerst richtig prima fanden, dass Angela Merkel die Grenzen für die Flüchtlinge offenließ, mochten sich später kaum noch an dieses Urteil erinnern. Plötzlich war für sie das Handeln der Kanzlerin nicht mehr ein Akt humanistischer Empathie, sondern nur eine Abfolge von Überforderungen und Fehlkalkulationen.

Aus Sicht der veröffentlichten Meinung hatte sich die Karriere von Angela Merkel vor zwei Jahren erledigt. Sie gab den CDU-Vorsitz ab, die Umfragen fielen, die nächste Wahl dräute: Fortan, da waren sich nahezu alle Kommentatoren einig, würde es bis zum Herbst 2021 kanzlerindämmern.

Tja. Das Interessante ist, dass Journalisten, und dies noch stärker als die sonstige Menschheit, kollektiv auf ihre eigenen Legendenbildungen hereinfallen, wobei dies auch daran liegt, dass sie, sagen Sie das bitte nicht weiter, gerne voneinander abschreiben. Mal ist ein Politiker der Überheld, mal der Totalversager, dazwischen passt wenig Wirklichkeit.

Aber genug der koketten Selbstreflexion, wir sind hier nicht auf der Kulturseite. Ach, was soll's: Ohne mein Wahlgeheimnis zu verraten, so ist doch mitzuteilen, dass ich, wenn es eine Kanzlerdirektwahl gäbe, nur die eine Frau gewählt hätte, und dies schon im vorigen Jahrtausend. Keinen Helmut Kohl, keinen Gerhard Schröder und keinen Edmund Stoiber, sondern immer Angela Merkel.

Oh, ich höre schon die Rufe. Jetzt hat er sich selbst und final als Mitschwimmerling im Zentrum des Mainstreams enttarnt!

Eines Mainstreams, der nicht bloß linksgrünliberalverweichlicht ist, sondern eine einzige Angela-Merkel-Patenbrigade! Lauter habituelle FDJ-Sekretäre unter sich!

Selbstverständlich lässt sich dieser Vorwurf schwerlich dementieren, zumal ich bei den Thälmannpionieren im Gruppenrat war, als Verantwortlicher für Agitation und Propaganda; meine Mandela-Wandzeitung bekam eine Urkunde. Dabei ist es viel einfacher, nein: schlichter. Auch wenn ich, was es nicht alles gibt, Politik studierte und jetzt über Politik schreibe, ist es doch so, dass ich eher instinktiv dieser Frau zutraue, existenzielle Dinge für mich mitzuentscheiden. Ich vertraue ihr. Sie ist klug, belastungsfähig und korruptionsfrei. Sie ist so uneitel, wie es jemand auf der politischen Bühne sein kann. Und sie bewegt sich, mit all ihrer ideologischen Flexibilität und ihren machtpolitischen Manövern, in einem ordnungspolitisch, pragmatisch und verantwortungsethisch bestimmten Korridor. Sie schafft das, irgendwie.

Nicht überzeugt? Okay, dann stellen Sie sich bitte vor, der Bundeskanzler hieße, in diesem Pandemiemoment, Friedrich Merz, Armin Laschet oder Norbert Röttgen.

Eben.

15.12.2020

Damals im Dorf

Die DDR war nur wenige Monate vergangen, da nahm ich an einer Bürgerversammlung in meinem Dorf teil. Es ging darum, Menschen bei uns aufzunehmen. Als Obdach war das Ferienheim des früheren Kombinats für industrielle Mastproduktion vorgesehen, „die KIM“, wie sie im Ort nur hieß.

Sie stand leer, zum einen, weil es das Kombinat nicht mehr gab, zum anderen, weil jetzt, da die westlich glitzernde Welt offenstand, kaum noch jemand Urlaub im Thüringer Wald machen wollte. Dennoch war die Stimmung auf der Versammlung mies. Mit den Vietnamesen, die man natürlich anders nannte, hatte man ja noch halbwegs gute Erfahrungen gemacht. Aber mit Juden?

Die letzte DDR-Regierung hatte kurz vor ihrem Verscheiden beschlossen, alle jüdischen Familien, die in der Sowjetunion den Wunsch nach Auswanderung verspürten, unbürokratisch aufzunehmen. Es war ein Akt der Wiedergutmachung des Staates, der sich selbst für antifaschistisch erklärt hatte, womit er sich automatisch jede Schuld für Krieg und Shoa vergeben hatte. Wer auf der richtigen, also sozialistischen Seite der Geschichte stand, durfte sich mit gutem Gewissen gegen Israel positionieren.

Aber der Beschluss war auch ein Akt der Emanzipation. Die DDR hatte den Einheitsvertrag unterschrieben und stand vor dem nahezu bedingungslosen, Wiedervereinigung genannten Beitritt. Aber zuvor erklärte sie sich zum Zufluchtsort der Juden, derweil die Bundesrepublik für sie die Grenzen schloss.

Um nicht düpiert dazustehen, legte die Bundesregierung unter Helmut Kohl wenige Wochen nach der Einheit ein Gesetz vor, das die Einwanderung eines Kontingents sowjetischer Juden und ihrer Familien regelte. Die Migranten wurden nach dem bis heute bekannten Schlüssel auf die Länder verteilt.

Und so kam es, dass die KIM belegt werden sollte. Doch die Bedenken auf der Versammlung waren groß. Wer komme da genau? Wie sei es um die Sicherheit bestellt? Ob die Kinder in die Schule passten? Ob die denn nur Russisch könnten? Was würde das alles kosten? Und vor allem: Wer kümmere sich denn um uns – jetzt, da überall die Betriebe pleitegingen?

Ich war in all meiner jugendlichen Anmaßung empört. Hier protestierten Leute, deren Eltern zu der Zeit gelebt hatten, als die Juden von Deutschen ins Gas geschickt wurden! Auch die Reflexion, dass bis Ende 1989 noch Hunderttausende DDR-Bürger in die BRD geflüchtet waren, aus politischen, aber auch aus sogenannten wirtschaftlichen Gründen: Sie schien nicht zu existieren. Und wenn doch, wurde sie trotzig weggeschoben. Schließlich waren doch nur Deutsche von einem Teil Deutschlands in den anderen gewechselt, oder Das sei doch, genau, etwas völlig anderes.

Ob ich meine Empörung öffentlich äußerte? Meine Erinnerung ruft laut Ja, aber ich traue ihr nicht ganz. Wie oft möchte man im Rückblick mutiger sein, als man es tatsächlich war.

Jedenfalls, die Juden kamen ins Dorf, es waren wohl um die 90. Frauen, Kinder, Männer. Die KIM stand nicht mehr leer, die Schulklassen, durch die Abwanderung in den Westen merklich kleiner geworden, wurden wieder aufgefüllt, und im alten Konsum gab es wieder mehr Umsatz.

Zwischenfälle waren kaum zu berichten. Die Neubewohner fielen nicht weiter auf – bis dann, ein paar Jahre später, das Heim aufgegeben wurde. Für die einstige Oberschule, die zur Grundschule geschrumpft war, beschleunigte dies das Aus, und den Menschen im Dorf war das gar nicht recht.

Das ist jetzt mehr als 30 Jahre her, und was in meinem Dorf passierte, wiederholte sich anderswo unter ähnlichen Umständen. Auf Juden und Russlanddeutsche folgten die Migranten aus dem implodierten Jugoslawien. Dann kamen im Zuge des angeblichen Krieges gegen den Terror die Afghanen und Iraker, danach die Syrer und Nordafrikaner – und nun, nach dem Angriff Russlands, die Ukrainer. Und jedes Mal wurden, mal mit mehr, mal mit weniger Verspätung, dieselben Stereotype vorgebracht, wie sie gegenüber sogenannten Fremden existieren, solange es Menschen gibt.

Ich will hier niemanden schlecht reden und auch keine Probleme negieren. Einwanderung muss kontrolliert und Integration organisiert sein. Und natürlich gibt es Obergrenzen, und seien sie technisch. „Unser Herz ist weit, doch unsere Möglichkeiten sind endlich“, sprach 2015 ein Pastor, der als Bundespräsident amtierte. Aber ein Herz, das sollten wir immer haben.

1.11.2022

Im Weinberg der Macht

Milde weht durch die Netzblase, die sonst von toxischer Eitelkeit überquillt. Das nahende Amtszeitende der Kanzlerin hat in der politisch-medialen Kohorte das dringende Bedürfnis geweckt, sich in sentimentaler Heldinnenverklärung zu üben. Wer sich wichtig genug wähnt, postet dazu ein Foto, das ihn mit einer pflichtlächelnden Angela Merkel zeigt. Es sind, na klar, zumeist die Männer.

Nun habe ich, leider, kein Foto von der Kanzlerin und mir. Abgesehen davon, dass ich vielleicht ein Dutzend Mal mit ihr im selben Saal oder auf demselben Platz war, gab es keine echte direkte Begegnung und kein Interview, was, nun ja, nicht unbedingt meinen Provinzkomplex verkleinert.

Oder halt: Eines Winters fuhr ich in die Susanne-Hennig-Wellsow-Geburtsstadt Demmin. Merkel hatte nach ihrer Bundesbürgerinwerdung von der CDU den Bundestagswahlkreis in Mecklenburg-Vorpommern zugelost bekommen, was sie dazu verdammte, immer aschermittwochs in einer Turnhalle voller angetrunkener Christdemokraten Gemeinheiten über die SPD oder die Grünen zu sagen, woran sie traditionell scheiterte.

Nach ihrer Rede hatte Merkel mit dem örtlichen Funktionärswesen in der Sportlerklause zu fraternisieren. Als sicherheitsüberprüfter Pressepassinhaber durfte ich aus angemessener Distanz beobachteten, wie sich Merkel beklopfen und bequatschen ließ. Dann, ich hatte ein Bier getrunken – oder waren es drei? – musste ich auf die Toilette.

Als ich dort wieder herauskam, stieß ich frontal mit der Bundeskanzlerin der Bundesrepublik Deutschland zusammen, die sehr zielgerichtet auf die Tür neben dem Männer-klo zusteuerte. Der grimmige Blick des stämmigen Mannes mit dem Ohrknopf, der zwei Meter hinter ihr stand, lenkte mich derart ab, dass ich es nicht einmal schaffte, etwas auf das gemurmelte „Entschuldigung" Merkels zu erwidern.

Nachdem diese historische Begegnung anstatt eines Farbfilmfotos hergezeigt ist, bleibt mir nur zu schreiben, dass mir keine Spitzenpolitikerin einfällt, die derart unprätentiös, diszipliniert und verlässlich ihre Arbeit im Weinberg der Macht verrichtete.

Spitzenpolitiker sowieso nicht.

Ja, Angela Merkel besitzt kein rhetorisches Talent. Auch so etwas wie Ausstrahlung erlangte sie erst, als sie zu ihrem eigenen Denkmal wurde – was eine der wenigen Parallelen zu Helmut Kohl ist, der, sogar das ist möglich, sie gleichzeitig groß und klein machte, und von dem sie sich, als sie es für nötig erachtete, kühl emanzipierte.

Und ja, Merkel agierte inhaltlich biegsam, taktisch anpassungs- und notfalls intrigenfähig. Ihre Art, öffentlich möglichst wenig Konkretes mitzuteilen, grenzte an Kommunikationsverweigerung. Das Verhältnis zu ihrer Partei und vielen Personen war instrumentell.

Ihr technisches Verständnis von Politik, der permanente Absicherungsmodus, der Ansatz, auf Ereignisse zu reagieren, anstatt zu agieren: Das alles konnte ordentlich nerven. Angela Merkel war, einmal abgesehen von einer kurzen Phase in der Opposition, nie Reformerin. An diesem Punkt war sie tatsächlich konservativ. Gleichzeitig bildete die Stabilität, die sie über alles andere stellte, die Basis für enorme gesellschaftliche Veränderungen.

An Fehlern, Irrtümern und Missgriffen gäbe es nach 16 Jahren viel aufzulisten. Aber, und das ist ihre eigentliche Leistung: Merkel hielt den Laden zusammen, in Deutschland, in Europa, in der Welt. Hier zeigte sie sich als Berufspolitikerin im Sinne Max Webers, mit nüchtern-protestantischem Charme, machtbewusst, aber integer.

Das Ostdeutsche in ihr äußerte sich in einem ideologiefernen, grundwerteorientierten, aber flexiblen Pragmatismus, den gerade Westdeutsche oft genug als Inhaltslosigkeit fehldeuteten. Nachdem die DDR-Zeit Merkel gleichzeitig Anpassung und Widerständigkeit gelehrt hatte, nutzte sie die Quotierung als junge Frau aus dem Beitrittsgebiet, um die westdeutschen Alphamänner zu verdrängen – die jetzt, wie das neue Bundeskabinett belegt, trotz aller Paritätsbekundungen wieder dominieren.

Was immer also Angela Merkel nach Dienstschluss ab diesem Mittwoch tun wird, so erscheinen doch drei Dinge gewiss. Sie wird keine schwarzen Konten zugeben müssen. Sie wird sich nicht für Lobbydienste bezahlen lassen. Und sie wird keine Fotos von sich mit wem auch immer posten.

7.12.2021

....

Aber sie sind nicht asozial

Ich bin in der DDR aufgewachsen. Ich misstraue unwillkürlich staatlichen Institutionen, vor allem dann, wenn sie für etwas penetrant werben, und ist die Sache noch so gut. Denn, mal ehrlich: Wann hätte jemals ein Staat behauptet, er wolle einem etwas Schlechtes?

Allerdings finde ich Handlungsanweisungen der Obrigkeit gelegentlich recht hilfreich; ja, ich meine sogar, sie könnten ab und an ruhig etwas schärfer ausfallen.

Umfragen belegen diese in vier Jahrzehnten konditionierte Ambivalenz der Ostdeutschen. Einerseits vertrauen sie staatlichen Institutionen weniger. Anderseits hätten sie es gerne etwas härter.

Dass sich im schönsten aller Beitrittsgebiete Anarchie und Autoritarismus derart unproduktiv versöhnen, hat Gründe. Das größte Verkaufsargument der DDR war ja, dass sie für alles sorgt, Arbeitsplatz, Wohnung, Krankenversorgung, Ausbildung, Sicherheit. Eine sozialistische Persönlichkeit musste nur gefestigt (vulgo: angepasst) sein, dann lief das meiste fast von selbst. Und wir, jedenfalls die meisten von uns, passten uns an.

Dann kam 1989. Das System brach zusammen, der inneren und äußeren Umstände wegen, aber auch, weil immer mehr Menschen erst in die Kirchen und dann auf die Straßen gingen. Das kurzzeitige Machtvakuum wurde gefüllt von bewegten Bürgern und hehren Idealen. Alles erschien plötzlich möglich, dann kam der Einheitsvertrag.

Diese drei Erfahrungen, DDR, Wende, Transformation, unterscheiden ältere Ostdeutsche von den Westdeutschen. Irgendwo tief in uns drin sitzt immer noch die wohlfeile Idee eines dritten Weges: soziale Sicherheit, Gleichheit, dazu bürgerliche Freiheiten plus Westgeld. Aber leider …

Jetzt also scheint wieder Anpassung gefordert zu sein, an Windräder und Willkommenskultur, an Infektionsschutzmaßnahmen und Impfen. Das ist zwar etwas gänzlich anderes als Staatssicherheit und Stacheldraht. Dennoch müpft der poliklinik-geimpfte Ostdeutsche verlässlich auf.

Neulich belegten Wissenschaftler mit vielen Zahlen, dass sich das Coronavirus dort besonders stark verbreitet, wo besonders viel AfD gewählt wird – was nicht nur, aber doch vor allem im mittleren Osten der Fall ist. Dies ergibt Sinn, weil die AfD, seit die Protest-PDS zur staatstragenden Linken mutierte, wie keine andere Partei den ostdeutschen Trotz nebst diversen anderen Aggressionen kompensiert.

Doch weil eine Korrelation noch keine Kausalität ist, verhält sich das wahre Leben komplizierter. Das Sample ist zwar recht klein, aber ich kenne tatsächlich einige ostdeutsche Menschen, die Björn Höcke für gemeingefährlich halten, aber trotzdem ungern Maske tragen und sich auf keinen Fall impfen lassen wollen. Ja, das geht, und dafür müssen sie nicht einmal Globuli schlucken.

Woran es ihnen mangelt, ist nicht Empathie, sondern der Wille, die bekannten Fakten und Zahlen, deren Ursprung staatliche oder öffentliche Institutionen sind, als solche anzuerkennen, um sie dann möglichst rational einzuordnen.

Die Abwägung, dass ein Vakzin mich, jeweils abhängig vom Zeitpunkt der Impfung, sehr stark gegen Tod, stark gegen schwere Verläufe, mittelstark gegen Erkrankung und leicht gegen Ansteckung schützt – und dass dieser Nutzen auch für andere den möglichen Schaden durch Nebenwirkungen weit übersteigt: Diese Abwägung kann ich nur treffen, wenn ich den Daten und den dahinterstehenden Institutionen vertraue.

Ansonsten können wir noch so interessiert, intelligent und informiert sein: Am Ende müssen wir uns auf das Wissen und die Zahlen anderer, hoffentlich kenntnisreicherer Leute verlassen, bei der Eurokrise, dem Klimawandel oder eben der Corona-Pandemie.

Und insbesondere die Demokratie benötigt unfassbar viel Vertrauen. Schließlich delegieren hier souveräne Menschen die Macht an andere Menschen, die manche Dinge, über die sie entscheiden, selbst nur sehr bedingt verstehen.

Was ich mit all dem sagen will? Jenseits von Egoisten und Extremisten gibt es gerade hier im Osten viele Menschen, denen es an Vertrauen mangelt. Sie treffen deshalb falsche Entscheidungen.

Aber sie sind nicht asozial. Gerade wer weiß, wie in der DDR mit diesem Begriff Unrecht begangen wurde, sollte ihn tunlichst meiden.

23.11.2021

....

Heldenstaub

Der olle Montag muss also wieder ran. Seit die Menschen in der verflossenen DDR vor bald 33 Jahren auf die Straße gingen, steht der erste Tag der Woche für den zivilen Protest gegen eine mindestens ignorante, wenn nicht gar diktatorische Obrigkeit. Zum Demonstrationsinstrumentarium – ich war im Unterschied zu B. H. anwesend – gehörten damals neben der Kerze und einem möglichst innovativen Transparent die Rufe „Wir sind das Volk!“ und „Keine Gewalt!“. Das Skandieren von „Wir sind ein Volk!“ unter Abschwenken schwarz-rot-goldener Fahnen kam erst zu Winterbeginn auf, verbunden mit der kommoden Nullwahrscheinlichkeit, von knüppelnden Vopos auf tarngrüne W 50 geladen zu werden.

Nachdem Währungsunion, DDR-Auflösung und Beitritt absolviert waren, wurde es kurzzeitig ruhig um den Montag. Kaum jemand kümmerte sich so recht um ihn, für die meisten wurde er wieder zum nicht unbedingt zu begrüßenden Beginn der Arbeitswoche. Falls es denn noch eine Arbeitswoche gab.

Doch im Innern, tief drinnen, war der Montag von nun an nicht mehr bloß ein Montag. Er war ein Mythos. An ihm glitzerte der Heldenstaub der sogenannten friedlichen Revolution.

Und es gab rasch Abstauber. Die Gewerkschaften versuchten schon ab 1991, neue Montagsdemonstrationen zu organisieren, gegen die Arbeitslosigkeit, den Sozialabbau und diesen ganzen, mit D-Mark und Beate Uhse importierten Kapitalismus. Doch so richtig begann die Montagsrenaissance erst ein gutes Jahrzehnt später. Als die USA und ihre „Koalition der Willigen" im Irak einmarschierten und ein – später wegen Untreue verurteilter – VW-Personalvorstand unfreiwillig einer Sozialreform seinen Namen übereignete, wurde fortan montäglich für Frieden und gegen Hartz IV demonstriert.

Ganz vorne dabei war die PDS, die wenige Jahre zuvor noch SED geheißen hatte. Aber was kümmerte die Partei ihr Name von gestern – oder der historische Umstand, dass sie es gewesen war, gegen die sich der Protest einst richtete.

Spätestens mit dieser politkulturellen Vereinnahmung hatte sich der Montag als Universalprotesttag etabliert. Das Leipziger Archiv der Bürgerbewegung führte darüber säuberlich Buch: So wurde zum Beispiel montags in Frankfurt gegen das Rauchverbot in den Kneipen protestiert, in Stuttgart wiederum gegen den neuen Großbahnhof oder in Sonneberg gegen die Kreisreform. Unter anderem.

Wichtig war dabei, dass an einem Montag immer ein bisschen 1989 durch die Luft flirrte. Denn dann demonstrierte nicht nur irgendeine mehr oder minder große Partikularinteressenkohorte. Dann demonstrierte das gefühlte Volk.

Der Montag war nicht nur Mythos, sondern auch eine Marke. Eine ungeschützte. Jeder durfte sie benutzen, so auch ab dem Herbst 2014 die selbst ernannten „Patriotischen Europäer gegen die Islamisierung des Abendlandes" in Dresden – wobei sich Pegida besonders dumpf in die Tradition von 1989 stellte. Erstmals erklangen wieder die Wir-sind-das-Volk-Rufe, wobei sie durch NS-Vokabular wie „Lügenpresse" und „Volksverräter" sowie einen handgearbeiteten Kanzlerin-Galgen ergänzt wurden.

Mit Nazi-Parolen auf friedlichen Freiheitsrevolutionär machen: So viel geschichtslose Dreistigkeit musste einfach die AfD beeindrucken. Und da es immer noch dreister geht, fabrizierte sie ein Werbebranding: Westdeutsche Funktionärsmigranten skandierten von nun an „Wende 2.0“ oder „Die Wende vollenden!“. Der Umstand, dass es ausgerechnet der letzte SED-Generalsekretär war, der 1989 den Begriff Wende prägte, hatte noch nie einen kleinen Geist gestört.

Dass Corona-Demonstrationen bevorzugt an Montagen stattfanden und dass jetzt AfD und Linke am Montag die kombinierte Pandemiekriegsenergiekrise ausbeuten wollen, ist daher auch kein Skandal, sondern folgt einer neubundesrepublikanischen Tradition. Man muss sie ja nicht unbedingt mögen.

Ansonsten gilt selbstverständlich: Eine Demokratie muss wehrhaft sein, Extremisten sind zu bekämpfen. Aber es ist falsch, wenn nicht gar gefährlich, tatsächliche oder potenzielle Demonstranten in ihrer Gesamtheit zu kriminalisieren. Denn auch dafür gingen wir damals ohne B. H. auf die Straße: Dass eine jede Bürgerin und ein jeder Bürger demonstrieren dürfen, gewaltfrei und in Übereinstimmung mit der Verfassung sowie den daraus abgeleiteten Gesetzen. Und sei es an jedem verdammten Montag.

23.8.2022

Durch den Wilden Osten

Neulich fuhr ich nach Birkenwerder, einst ein Dörfchen im Brandenburgischen, das, nachdem es an das Berliner Bahnnetz angeschlossen wurde, zu einer hübschen Villenvorstadt wuchs. Dort lebt Josef Duchač, 82 Jahre alt, zusammen mit seiner Frau, seiner Tochter, den Enkeln.

Der alte Mann sieht nichts mehr mit seinen Augen, aber noch alles mit seinem Verstand. Bis ins Detail erinnert er sich daran, wie es damals war, vor 30 Jahren, als er zum Ministerpräsidenten des alten neuen Thüringens gewählt wurde, wie ein Land wiederauferstand, mit neuem Geld, neuen Gesetzen, neuen Gewohnheiten. Josef Duchač, ein Chemieingenieur, der als Abteilungsleiter in den Waltershäuser Gummiwerken gearbeitet hatte, und später auch ein paar Jahre im Rat des Kreises Gotha, sollte auf einmal die Regierung führen, die aus lauter politischen Laien bestand, wie er einer war. Ein Lehrer sollte die alte Volkspolizei demokratisieren, eine Pastorin das Gymnasium einführen und ein Ingenieur versuchen, die volkseigenen Betriebe zu retten. Viele von ihnen waren 1989 keine Helden gewesen, sondern hatten sich in der DDR ihre Nische gesucht, so wie Duchač, in der Blockpartei CDU.

Es war eine historische, ja, eine ungeheuerliche Aufgabe. Während das alte ökonomische System implodierte, während Hunderttausende Menschen arbeitslos wurden oder gleich ganz abwanderten, wurde eine neue politische Ordnung errichtet, mit Westgeld, Westhilfe und Westbeamten, aber eben auch mit eigener Anstrengung und ja, so einigen Opfern.

Denn die Schnelligkeit der Vereinigung, für die internationale wie politische Gründe sprachen, hatte ihren wirtschaftlichen und sozialen Preis – genauso wie die Solidarität der alten Bundesrepublik. Die Ausbeutung als verlängerte Werkbank, das Stigma des Billiglohnlandes und das ungute Gefühl, Deutsche zweiter Klasse zu sein: Das alles hat sich, wie die Umfragen bis heute zeigen, im kollektiven Gedächtnis der Menschen dieses Landes festgesetzt.

Es war eine irre, schicksalhafte Zeit, gleichzeitig befreiend und beklemmend, erfüllend und enttäuschend, aufregend und agonisch. Statt der aufgezwungenen, nie real existierenden Gleichheit in der DDR teilte sich die Gesellschaft in Gewinner und Verlierer.

Das Klischee des Wilden Ostens, es stimmte, alles war roh, neu, ungeordnet. In diesem mehr oder minder organisierten Durcheinander übten Abertausende Menschen die Demokratie, in Kreistagen oder Gemeinderäten, in Bürgermeister- und Landratsämtern und in den Verfassungsorganen. Der Landtag verabschiedete im Akkord Gesetze, während Josef Duchač und sein Kabinett versuchten, eine echte Regierung zu mimen, ohne Personal, ohne Telefone und, ja, oft auch ohne eine Ahnung davon, was genau sie da eigentlich taten.

Natürlich machten sie dabei Fehler, vermeidbare, zuweilen peinliche. Doch sie hatten das Geschäft, das sie verrichteten, ja auch nie gelernt, zudem waren die Umstände derart kompliziert, dass daran selbst angereiste Profis aus dem Westen scheiterten.

Wer im Rückblick auf diese Zeit schaut und auf die Menschen, die zu gestalten versuchten, der sollte nicht verklären, wie es zuweilen zu oft getan wurde, aber der sollte sie auch nicht verurteilen. Nach 30 Jahren sollte es möglich sein, aus der Distanz fair zu bilanzieren und nüchtern festzustellen, dass mehr richtig als falsch gemacht wurde – und nun versucht werden sollte, das Falsche von damals nicht heute zu wiederholen.

Die Hoffnung, dass sich das, was Soziologen Transformation nennen, allein mit Geld und Gesetzen steuern ließe, wurde nach 1990 nicht erfüllt. Es war ein Irrtum, dass das, wofür die Bundesrepublik Jahrzehnte Zeit hatte, das doppelt diktaturgeschädigte Beitrittsgebiet binnen weniger Jahre absolvieren könnte, vom wirtschaftlichen Aufschwung über den Aufbau einer modernen Infrastruktur bis zur Entwicklung einer demokratischen und weltoffenen Gesellschaft. Es fehlt dem Osten eben nicht so sehr, wie es oft anklagend heißt, an Dankbarkeit. Eher fehlt es im Westen zuweilen immer noch an Respekt, Augenhöhe und dem Willen, sich auf die andere, östliche, ungewohnte Perspektive überhaupt einzulassen.

Der 3. Oktober 2020 ist damit nur die nächste Zwischenmarke auf einem Weg, dessen Ende nicht erkennbar bleibt. Und dennoch gibt es bei allem, was zu beklagen ist, ausreichend Gründe, ihn guten Mutes weiterzugehen.
29.9.2020

....

Der Duft der DDR

Das Schaffen von Dieter Nuhr habe ich früher mal geschätzt, seine Art, wie er, mit müdem Blick, eine Pointe wie einen Kaugummi langsam aufblies, um sie dann platzen zu lassen. Später langweilte mich das eher, es war immer dasselbe, irgendwie, und ich schaltete ab.

Als Nuhr in die Nachrichten geriet, weil er sich an Greta Thunberg abarbeitete, sah ich mir ein paar Videoschnipsel an und fand ihn immer noch nicht wieder witzig, eher angestrengt und ziemlich eingeschnappt, so, als habe ihm jemand seinen Anwohnerstellplatz zugeparkt, weshalb er nun im Halteverbot steht, aber keine Lust hat, die Polizei zu rufen, weil er ja nicht so einer ist.

Zuletzt, ich versuchte mich gerade vergebens an der Befolgung des neuen Trends „Twitterfreie Ferien“, tauchte Nuhr in meiner Sommerlochblase auf. Die Deutsche Forschungsgemeinschaft, kurz DFG, hatte ihn gebeten, etwas zu ihrem 100. aufzusagen. Und Nuhr sagte: „Wissen bedeutet nicht, dass man sich zu 100 Prozent sicher ist, sondern dass man über genügend Fakten verfügt, um eine begründete Meinung zu haben.“

Das war ein in jeder Hinsicht korrekter Satz, politisch und ökologisch, dazu vegan und glutenfrei, nur nicht durchgegendert. Aber das war für jene, die sich extremempörten, gar nicht das Problem.

Das Problem war Nuhr an sich: Einer, der über Klimagreta Witze macht, muss ein Wissenschaftsfeind sein und darf dann auch nie mehr etwas zur Wissenschaft sagen. Außerdem, das schwang mit, sei er ein alter, weißer und bestimmt rechter Sack.

Die DFG, völlig überfordert, tat daraufhin etwas richtig Blödes: Sie verbannte Nuhr von ihrem Internetauftritt, worauf erwartungsgemäß der entgegengesetzte Furor einsetzte. Die Parallele auf beiden Seiten: Der Vorgang wurde zum Menetekel einer jeweils linken oder rechten Machtergreifung, drunter geht es für kollektivtraumatisierte Deutsche ja nie. Buxtehude ist Weimar oder so ähnlich.

Ähnliches widerfuhr der Kabarettistin Lisa Eckhart, die ihrem Publikum eine Satire mit mehreren Ebenen zutraut. Überhaupt kann jede beliebige Interessengruppe Beispiele dafür aufzählen, wie Menschen, weil ihre Meinung nicht mehr gelitten ist, Auftrittsverbot bekommen. Linke Identitätspolitik und rechter Kulturalismus bilden dabei mit ihren festen Opfer-Täter-Schemata das Hufeisen der Heuchelei.

Nun ist der menschliche Makel so alt wie die Menschheit selbst. Doch insbesondere Menschen, die in der sogenannten ehemaligen DDR lebten, fühlen sich unweigerlich an etwas erinnert, so wie dieser Duft in der Drogerie, hinten, bei den Waschmitteln, ein bisschen nach Intershop riecht.

Da ist zum Beispiel Birk Meinhardt, ein preisgekrönter und schriftstellernder Journalist, der schon in der DDR ein Sportreporter war und später, als einer der ganz wenigen Ostdeutschen, bei der Süddeutschen Zeitung groß rauskam, bis er auch dort das Gefühl bekam, nicht mehr das schreiben zu können, was er schreiben wollte. Wenn man sein gerade erschienenes Buch über diese Zeit liest, ist darin einige matussekhafte Kränkung zu spüren. Was Meinhardt aber von anderen mit Talent und Glück privilegierten Opfern unterscheidet, ist die Referenzerfahrung, die er mit allen teilt, die vor, sagen wir mal, 1975 in der DDR geboren wurden.

Denn wir wissen, wie es sich anfühlt, wenn Meinung verborgen und verbogen wird. Und wir haben diesen einen, unerhörten Moment gehabt, in dem, ebenso gefühlt, alles sagbar war, und in dem der eben noch allautoritäre Staat zu einem hilflos grinsenden Vopo zusammenschrumpelte, der uns vor der Grenze in den Glitzerwesten durchwinkte.

Doch in diesem Moment entstand ein Missverständnis. So sehr uns die Logik etwas anderes mitteilte, so sehr wollten wir daran glauben, dass der Westen das freie Wirtschaftswunderland aus der Werbung war. Dass aber die Geschichte der Bundesrepublik unter anderem eine Geschichte erbitterter Meinungs- und Verteilungskämpfe ist, dass selbst in einer Demokratie der Mainstream zum Rinnsal der Mächtigen verkommen kann, dass die Freiheit gefährdet und immer neu zu erringen ist: Dies mussten wir unter Schmerzen lernen, und das macht manchen Ostdeutschen zu dem, was er jetzt ist, einem daueraggressiven, notorisch überempfindlichen, verschwörungsaffinen Trotzkopf, der trotzdem ein Sensor dafür sein kann, dass etwas im Argen liegt.

11.8.2020

Der Wagenknecht-Faktor

Zum Älterwerden gehört das Erfahren des Paradoxons, dass sich die Dinge ändern und gleichzeitig so bleiben, wie sie sind. Neulich etwa schaute ich in der Redaktion der Studentenzeitung in Jena vorbei, die ich vor einem guten Vierteljahrhundert geleitet hatte.

Natürlich war erst einmal alles ganz anders. Ich saß in einem unbekannten Raum mir unbekannten Menschen gegenüber, die noch nicht geboren waren, als ich das tat, was sie nun taten, und redete mit ihnen über Apps, Reichweite und Nutzerverhalten. Doch rasch gerann die Erkenntnis, dass sie nahezu dasselbe erlebten, was ich damals erlebt hatte: Wie verdammt aufregend es ist, eine eigene Zeitung zu machen, wie frustrierend es sein kann, wenn dies die Masse der Studenten gar nicht interessiert, und wie erfüllend es sich anfühlt, trotzdem etwas bewirken zu können.

Überhaupt ist manches noch so, wie es 1994 war. Das Universitätshauptgebäude riecht wie damals nach Mensch und Reinigungsmittel, und in der Cafeteria gibt es noch dieselben unkaputtbaren Gläser, von denen, ups, zwei in meiner Küche stehen. Und da ist immer noch diese Frau, der ich in der unsanierten Dachgeschosswohnung, in der damals die Redaktion untergebracht war, erstmals begegnete.

Ich kochte mir gerade einen Kaffee, sie holte sich ein Glas Wasser, dann ging sie zurück in den Nebenraum, in dem zwei Langzeitstudenten eine sogenannte marxistische Bibliothek eingerichtet hatten und vom Sperrmüllsofa aus die Weltrevolution planten. Sie lebten mit mir in friedlicher Koexistenz, das heißt, wir teilten die Kaffeemaschine und versicherten uns unserer antagonistischen Standpunkte.

Sahra Wagenknecht, die sich das Glas Wasser holte, war mit ihrer Rosa-Luxemburg-Frisur der Jungstar der äußersten politischen Linken. In Jena als Kind einer Deutschen und eines Iraners geboren, lebte sie ab dem Alter von sechs Jahren in Ostberlin, um ab 1990 in beiden Städten zu studieren. Parallel dazu hatte sie, die noch im Sommer 1989 aus Trotz in die SED eingetreten war, eine Karriere in der PDS begonnen und saß im Bundesvorstand. Sie repräsentierte dort den altstalinistischen Flügel, die „Kommunistische Plattform".

In der Bibliothek tagte die Jenaer Ortsgruppe der Wagenknechtianer. Ich lugte durch die offene Tür und registrierte durchaus bewundernd, mit welch kühlem Selbstbewusstsein die Frau mit gerade mal Mitte 20 auftrat. Sie war Sahra und nicht Sarah. Sie war besonders.

Später sah ich Wagenknecht auf Parteitagen, zweimal führte ich ein Interview, wobei ich, der kaum jünger ist als sie, das Gefühl hatte, mit jemandem viel älteres zu reden. Sie gab sich wie eine Frau, die alles wusste, alle Gegenargumente kannte, in allem Recht besaß. Gleichzeitig wirkte sie unnahbar, auf eine Art, wie sie mir in der Politik, in der es auf Kommunikation ankommt, nirgendwo sonst begegnete.

Nun sind meine Erfahrungen mit ihr bestenfalls anekdotisch. Doch auch innerhalb der Partei wird Wagenknecht als seltsam enigmatische und dogmatische Egopolitikerin beschrieben, was sie nicht davon abhielt, in drei Jahrzehnten zur populärsten, populistischsten und am stärksten polarisierenden Politikerin der Linken zu werden.

Der Sozialismus, den sie vertritt, ist national, anti-elitär und flüchtlingsfeindlich. Er bietet auch ohne das Bemühen von Hufeisentheorien ausreichend Berührungspunkte zur extremen Rechten. Doch dies ist Wagenknecht offenkundig ebenso egal wie der Umstand, dass sie stets eine Minderheit in der Linken vertrat. Im Gegenteil: Gerade ihre solitäre Anti-Position sichert ihr Aufmerksamkeit.

Jetzt, da sich die Partei in ihrer schwersten Phase seit 20 Jahren befindet, könnte Sahra Wagenknecht nochmals das wagen, was ihr 2018 mit der Bewegung „Aufstehen“ schon im Ansatz misslang: Sie könnte eine eigene Protestpartei gründen, um gleichermaßen mit Linke und AfD zu konkurrieren.

Bisher kokettiert sie damit bloß. Doch wenn die multiplen Krisen noch mehr eskalieren und sich die Linke weiter aufreibt, dürfte sich 2024 mit der Europawahl und drei ostdeutschen Landtagswahlen die Gelegenheit zum Angriff bieten.

Dass eine Wagenknecht-Partei Potenzial besitzt, belegen Umfragen. Doch ob sie tatsächlich Erfolg hätte, lässt sich begründet bezweifeln. Gleichwohl würde schon allein ihre Existenz der Linken enorm schaden, gerade im Osten, gerade in Thüringen. Die Chance auf Verteidigung der rot-rot-grünen Macht: Sie wäre wohl endgültig dahin.

25.10.2022

Privatpolitisches

Eine Kolumne ist, von seiner ursprünglichen Wortbedeutung her, die Spalte eines gedruckten Textes. Später bezeichnete der Begriff kurze, eher persönlich gehaltene Kommentare, die so kurz waren, dass sie eine Kolumne in der Zeitung einnahmen. Der Zwischenruf ist länger als nur eine Spalte. Ich habe etwas Platz, was nicht immer dem Text helfen mag, aber zuweilen vielleicht doch.

Es ist ein Privileg, Journalist zu sein. Kolumnist zu sein, erst recht. Denn Kolumnen sind nicht bloß Orte der freien Meinungsäußerung, sondern auch der privaten Selbstreflektion, wobei die Grenze zur eitlen Selbstbespiegelung fließend ist.

Dennoch kann es für das schreibende Denken und das lesende Verständnis hilfreich sein, die politische Analyse oder die Betrachtung des Lebens mit der persönlichen Erfahrung zu ergänzen. Am Ende versuchen wir doch alle, diese Welt aus unserem Selbst heraus zu erfassen. Einer der folgenden Texte stammt aus der Zeit, als ich stellvertretend die Kolumne des Kollegen Henryk Goldberg befüllen durfte.

Die Geschichte meiner Feigheit

Mein Gedächtnis ist derart schlecht, dass wegen mir das Internet erfunden wurde. Während Menschen um mich herum präzise referieren können, welche schwarze Piste mit welcher Nummerierung sie an welchem Februartag des Jahres 1995 bravourös meisterten, wäre ich schon froh, wenn ich noch wüsste, wie jene kunstschneebespritzte Tiroler Anhöhe hieß, die ich vorige Woche gleichermaßen ökologisch, moralisch und gesundheitlich bedenklich herunterrutschte.

Aber natürlich gibt es auch in meinem Gehirn diese exklusiven Nischen, in dem die besonderen Erinnerungen gespeichert sind, die besonders erquicklichen – und die besonders unangenehmen. Für sie muss ich nur meinen Verdrängungsmechanismus aushebeln.

Zum Beispiel.

Im vorletzten Sommer der DDR, ich war verpickelte 16, fuhr ich mit ein paar Jungs aus der Schule zum Zelten an einige ostthüringische Seen, wobei das Erstaunlichste daran war, dass sie mich dorthin mitnahmen. Bis dahin hatte ich eher nicht zu den, nun ja, angesagten Typen in der Klasse gehört.

Es wurde ein richtiger Jungspunde-Urlaub, mit Bier und Karo, Abhängen und Gaffen sowie den durchaus vergeblichen Versuchen, in ein Mädchen-Zelt zu gelangen. Wir waren sehr jung und dumm.

Ein Freund aber, ich nenne ihn hier Andreas, hatte kurz zuvor eine ziemlich erwachsene Entscheidung getroffen: Er hatte sich vor dem Abschluss der 10. Klasse nicht für drei Jahre Armee verpflichtet. Es war deshalb trotz Bestabschlusses nicht zur Erweiterten Oberschule zugelassen worden.

Ich dagegen ließ mich von NVA-Offizier, SED-Sekretär und Direktor weichklopfen, um trotz notorischer Großklapperei die Chance aufs Abitur zu bekommen. Ohne Verpflichtung gebe es keine Delegierung: So einfach sei die Sache, sagten sie, und ich unterschrieb.

Dabei wollte ich nicht zur Armee. Ich hasste schon das Wehrlager, in der uns einige versoffene Politoffiziersschüler mit Gasmaske durch den Wald gejagt hatten. Meine Hoffnung war das, was ich mir auf dem KC 85/2 antrainiert hatte: Falls ich einen Informatik-Studienplatz bekäme, ein sogenanntes Schlüsseltechnologiefach, müsste ich mich nur für ein Jahr einkasernieren lassen.

Damals, am See, schämte ich mich vor Andreas. Ich versuchte mir einzureden, dass er es ja, auf gewisse Weise, einfacher hatte. Seine Eltern waren „Antragsteller auf ständige Ausreise aus der DDR“: Da hätten sie ihn doch sowieso nie auf eine EOS gelassen!

Aber alle Relativierungsübungen änderten nichts daran, dass ich ein Opportunist war. Ein minderjähriger Opportunist zwar, aber ein Opportunist. So wie ich in jugendlicher Anmaßung den Stabü-Lehrer über die Stellen belehrte, an denen das Neue Deutschland nicht mit dem Deutschlandfunk übereinstimmte, so schrieb ich halt dann in der LK doch davon, wie das Privateigentum an Produktionsmitteln die Welt erkläre und bekam meine 1 auf dem Zeugnis.

Ich erinnere mich auch leider noch daran, wie ich vor Andreas am Lagerfeuer referierte, dass die kapitalistische Freiheit nicht so dolle sei. Der Sozialismus, dozierte ich, müsse bloß reformiert und demokratisiert werden. Ich schwadronierte von Glasnost, Perestroika und dem Dritten Weg, als hätte ich eine Ahnung davon.

Andreas hingegen war gar nicht so hübsch differenziert wie ich. Dieser Staat sei rechtsfrei und am Ende, sagte er.

Im Jahr darauf flohen die Menschen zu Zehntausenden, in Leipzig wurde erstmals demonstriert. Ich dachte an Andreas, und die Feigheit brannte. Also zitterte ich mich ins Friedensgebet und hängte mit einem Freund den Aufruf vom Neuen Forum in der Schule auf.

Klar, damit könnte das Ende der Geschichte meiner Feigheit beinahe etwas tapfer klingen. Aber die Wahrheit ist, dass längst zu spüren war, wie schwach das System wurde. Ich übte mich in gewissensentlastendem Gratismut.

Um einer Diktatur gegenüber den Rücken gerade zu machen, bedarf es mehr. Die aktuell bedingte und hochnotpeinliche Frage an mich lautet daher: Ginge ich heute, falls ich in Moskau, Sankt Petersburg oder Kaluga wohnte, auf die Straße, um gegen Krieg und Putin zu demonstrieren?

Die öffentliche Antwort darauf erspare ich mir lieber.

22.3.2022

Der G 2000 FSB und der Sozialismus

Der real existierende Sozialismus war voller Vielfalt. Es gab Vita-Cola, Club-Cola und Korn-Cola. Es gab Trabant, Wartburg und Lada. Es gab Marx, Engels und Lenin.

Es gab Ferienlager, in denen wir in maroden Baracken unsere erste Liebe erlebten, und es gab Wehrlager, in denen wir mit voller Montur, Gasmaske und ungeladener AK 47 den Berg hinaufrannten und danach unter Absingen schmutziger Lieder wieder hinuntermarschierten.

Und es gab die „Lager für Arbeit und Erholung“, die Ferienvariante von PA (Praktische Arbeit) und ESP (Einführung in die sozialistische Produktion). Ich zum Beispiel durfte einige Sommerwochen der DDR-Dämmerung im VEB EGS verbringen. Für Zugezogene und Nachgeborene: im Volkseigenen Betrieb Elektrogerätewerk Suhl, der zusätzlich die Bezeichnung Kombinat trug, weil noch etliche andere Betriebe dazugehörten.

Dort wurde zentral und fünfjahresgeplant produziert, was der Arbeiter- und Bauernstaat an Staubsaugern und Föhnen benötigte. Mein Arbeitsplatz für den Frieden befand sich am Band, an dem der AKA Electric G 2000 FSB entstand, ein Grillgerät, in dem später sozialistisch gefestigte Persönlichkeiten ihren Broiler, den Schaschlik oder auch nur den Zonentoast Hawaii (Salami statt Schinken, Apfel statt Ananas) zubereiten konnten.

Am Ende wurde wahrscheinlich darin trotzdem Ananas gegrillt. Der Großteil der Produktion, das erzählte die werktätige Bevölkerung, ging an den Klassenfeind im Westen. Ohne sogenannte Beziehungen war bei uns ein G 2000 FSB so schwer zu bekommen wie ein Bravo-Starschnitt von Nena.

Ich wusste damals, mit 15, nicht viel von Staatssicherheit oder politischen Gefangenen. Wenn ich Scherereien mit der Obrigkeit bekam, dann nicht, weil ich kein guter Pionier sein wollte, sondern weil ich immerzu sprechen und widersprechen musste, eine Eigenschaft, mit der ich heute noch meine armen Mitmenschen nerve.

Ich fand, weil ich es so gelernt hatte und noch jung genug war, die Idee vom Sozialismus im Grunde gut. Nur demokratisch sollte er bitte sein, mit Wahl- und Reisefreiheit, vor allem aber mit Milka, Commodore 64 und BASF-Kassetten. Irgendwo zwischen DDR-Sozialismus und BRD-Kapitalismus musste es doch diesen geheimnisvollen, in Prag verschütteten dritten Weg geben, in ein Land mit sicherer Arbeit, Tagesschau und Mallorca-Urlaub. Schließlich existierte ja auch im Westen eine Partei, die den Sozialismus im Programm hatte; nicht die DKP, die nahm selbst in der DDR keiner ernst, sondern die SPD. Sie schien wie ich zu finden, dass dieser Marx zumindest mit seiner Analyse einfach recht hatte. War nicht das PE an PM, das Privateigentum an Produktionsmitteln, der Kern allen kapitalistischen Übels? Und gab es nicht sogar in der westlichen Überflussgesellschaft, die sich soziale Marktwirtschaft nannte, Ausbeutung, Arbeitslosigkeit und Armut? Na also.

Das Dumme war nur, dass sich in der DDR die Praxis der Theorie verwehrte, dass die damalige Alternative für Deutschland so gar nicht funktionierte. Für diese Erkenntnis musste ich nicht einmal neugierig mit dem Moped an die Grenze des Sperrgebiets fahren und deshalb fast von einem rüden Vopo verhaftet werden. Ich musste auch nicht einem öligen Oberleutnant gegenübersitzen, der einem drei Jahre NVA-Kasernierung abverlangte, um das Abitur machen zu dürfen.

Nein, ich musste nur den G 2000 FSB montieren, der dann von Quelle unter Wert und anderem Namen für ein paar Westmark verhökert wurde. Das Band stoppte immer mal, weil etwas kaputt war oder wieder irgendein Teil fehlte. Aber so konnten wenigstens die Besitzer des Volkseigentums ihre stündliche Karo rauchen.

Selbstverständlich vermag der Kapitalismus eine sehr ungerechte Angelegenheit zu sein. Wird er nicht kontrolliert, eingehegt und gezähmt, setzt sich sein Urtrieb durch – und das ist die Maximierung des Profits, unter Ausbeutung von Menschen und Ressourcen.

Das Grundgesetz bietet hier, eigentlich, einen sehr vernünftigen Rahmen, freiheitlich, flexibel und fair. Es definiert Eigentum, auch das an Produktionsmitteln, als Grundrecht. Aber es verpflichtet gleichzeitig zu einem Gebrauch, der „dem Wohle der Allgemeinheit" dient, was schon fast wie die DDR-Losung vom „Wohl des Volkes" klingt. Und, falls das Allgemeinwohl verletzt wird, sind sogar Enteignungen zulässig, gegen Entschädigung, unter „gerechter Abwägung der Interessen" – und der Beachtung des Rechtsweges.

Dieses Prinzip klingt wirklich klug, jedenfalls im Vergleich zu dem, was die jüngere Zivilisationsgeschichte sonst so vorzuweisen hat, von Manchesterkapitalismus über Zwangskollektivierung bis hin zum VEB EGS. Man müsste es nur einhalten.

7.5.2019

....

Bericht aus einem ehemaligen Land

Es war vor langer Zeit oder neulich, je nachdem, da besuchte ich eine Polytechnische Oberschule, die nach Wilhelm Pieck benannt war. Es war der erste und gleichzeitig letzte Präsident jenes Staates, dessen Nennung nur selten ohne das Adjektiv „ehemalig" auskommt, so, als reiche es nicht, dass er nicht mehr existiert. Es redet ja auch niemand vom ehemaligen Heiligen Römischen Reich deutscher Nation, dabei ist es ja, nun ja, deutlich ehemaliger als die kleine und kurzlebige DDR.

Aber ich schweife ab. Also, die POS Wilhelm Pieck war ein Neubau, weshalb sich 1945 niemand die Mühe hatte machen müssen, den Schriftzug „Hindenburg-Lyzeum“ oder „Kaiser-Wilhelm-Gymnasium“ zu entfernen. Schließlich stiften Namen, Bezeichnungen, Symbole nicht nur Identität oder dienen der kollektiven Selbstvergewisserung und Erinnerung. Sie repräsentieren oft genug die jeweiligen Machtverhältnisse, politisch, kulturell, religiös. Auch ein Denkmal ist zumeist nicht nur ein Denkmal, sondern ein in Stein gehauener Herrschaftsanspruch.

Im Osten Deutschlands wechselten sich binnen 72 Jahren Kaiserreich, Weimarer Republik, Naziregime, DDR und Bundesrepublik derart rasch ab, dass man mit dem Umbenennen und Denkmalstürzen kaum hinterherkam. Zu meiner Schulzeit hieß der Platz, den man einst zu Ehren des Sozialistenverfolgungskanzlers Bismarck benannt hatte, nach dem Kommunisten Karl Marx. Aus der Moltke-Straße war eine Thälmann-Straße geworden und aus der Hitler-Straße, das war nun wirklich sehr vernünftig, eine Straße des Friedens.

Bloß die Erweiterte Oberschule durfte so heißen, wie sie einst schon als Gymnasium hieß, nämlich nach dem ewigen Goethe. Als ich dort mein Abitur absolvierte und parallel dazu die DDR verschwand, musste so das wiederauferstandene Gymnasium nicht seinen Namen wechseln. Nur für Pieck und Marx wurde es schwierig, genauso wie für Thälmann, Liebknecht und Luxemburg.

Am Ende, es gab ja nun Pluralismus, durfte hier und dort noch ein bisschen sozialistisches Heldentum überdauern. Ansonsten versuchte es die Stadt sicherheitshalber mit systemneutralen Ortsbezeichnungen: Aus dem „Leninring“ wurde „Am Stollen“.

Blöd anstellen konnte man sich trotzdem noch. 1992 beschloss die Schulkonferenz der Nelson-Mandela-Schule, sich doch lieber nach dem blütenweißen und deutschen Wissenschaftler Heinrich Hertz zu nennen. Später, der schwarze Friedensnobelpreisträger war gerade verstorben, erachtete der Stadtrat diese Entscheidung zwar „rückblickend als zu kurzsichtig". Die Wiedergutmachung bestand aber dann bloß darin, eine kleine Fußgängerbrücke am Bahnhof nach Mandela zu benennen.

Immerhin, dank Umbenennungswesen und Denkmalschleiferei stehen in den sogenannten neuen Ländern, die bekanntlich ebenso wenig neu sind, wie die DDR ehemalig ist, keine Kasernen herum, die nach alten Wehrmachtsgenerälen benannt sind. Hier und da heißt ein Bismarckturm, der zwischendurch Turm der Jugend hieß, wieder Bismarckturm, und mancherorts steht sogar noch der olle Marx herum: Aber einen Hindenburgplatz (hallo Bonn, Berlin, Goslar, Bad Hersfeld, Dachsbach, Münster, Mainz und ...) müssen wir jetzt nicht mehr umbenennen.

In jedem Fall jedoch ist das hiesige Gedenkkultur-Update etwas aktueller als das vom Königreich Großbritannien oder den USA, wo das Regierungssystem über Jahrhunderte vergleichsweise stabil und demokratisch blieb – und wo jetzt die Statuen im nächstgelegenen Fluss versenkt werden. Vielleicht und ausnahmsweise könnte in diesem Streit die Erfahrung helfen, die zuweilen mit dem verunglückten Begriff der doppelten deutschen Vergangenheitsbewältigung zusammengefasst wird.

Und diese Erfahrung besagt: Mit einem Denkmalsturz ist es selten getan. Irgendwo gibt es immer noch ein Nettelbeckufer, eine Gustav-Freytag-Straße oder einen Herzogsoundso-Turm.

Selbstverständlich sollten Diktatoren, Massenmörder und Kriegsverbrecher nicht geehrt werden, Punkt. Aber Freiheit bedeutet auch, quälende Ambivalenzen auszuhalten, also nicht nur den stalinistischen NS-Widerstandskämpfer Thälmann, sondern auch den antisemitischen Reformator

Luther, den sklavenhaltenden Verfassungsvater Jefferson oder den usurpatorischen Aufklärer Napoleon. Wer sich die Welt und ihre Geschichte zu einfach strukturiert, ist es möglicherweise selbst.
11.8.2020

Wir waren Abenteurer

Es war 11.11., und wir saßen am Abend in einem Saal in Ilmenau, um das zu tun, was man am 11.11. so tut, wenn man nichts Besseres zu tun hat. Auf der Bühne wurde mit Rumtata allerlei vorgetragen, was Monate, ach was, Wochen vorher dazu geführt hätte, dass der halbe Saal auf Lastwagen abtransportiert worden wäre.

Seit zwei Tagen konnte man nach drüben fahren, und viele, die ich kannte, waren schon dort gewesen. Wir nicht. Natürlich hatten wir ein wenig friedensgebetet und demonstriert und uns altersgerecht aufmüpfig gegenüber Herrn Schwab, dem Staatsbürgerkundelehrer, benommen.

Aber wir besaßen noch unsere Würde. Wir würden nicht heulend über die Grenze gehen, uns dann für 100 Westmark anstellen und endlich zwischen Kohorten stonewashedjeansbewehrter Dauerwellenträgerinnen im Edeka das Schokoladenregal anstaunen.

Doch plötzlich, es war schon ziemlich spät und wir nicht mehr gänzlich nüchtern, schlug jemand vor, doch loszufahren, und zwar sofort. Das erschien uns natürlich als etwas Anderes, Einmaliges, so mitten in der Dunkelheit, einfach ins Unbekannte, zumal bei Nachtfrost. Wir waren keine unwürdigen Westreisenden.

Wir waren Abenteurer.

Also fuhren wir los, Steffen mit einem Freund auf seiner uralten MZ und ich mit Stefan auf meiner billardgrünen S 51 electronic, mit alten Zeitungen unter den Anoraks. Wir fuhren über den Rennsteig, durch Schleusingen, Eisfeld und immer weiter, an diesen Schildern vorbei, an denen man bislang nicht vorbeifahren durfte. Dann kam der Schlagbaum, der Polizist schaute nur kurz in unsere Ausweise, und wir sahen einen Stein mit einem Wappen und der Aufschrift Freistaat Bayern.

Wir hatten uns, würdig wie wir waren, für diesen Moment vorgenommen, Freiheit, Freiheit zu skandieren, als ironisches Zitat selbstverständlich. Doch dann fuhren wir diese lange gerade Straße in dieses Tal hinunter; ich zitterte, aber merkwürdigerweise fror ich nicht, der Tacho zeigte nie wieder gemessene 80, und ich brüllte meine Freiheit in die Nacht. Die erste Kurve im ersten Dorf nahm ich, gerade so, auf dem linken Bürgersteig.

Dann, um vier Uhr, standen wir in der Fußgängerzone von Coburg: Ein paar Ossis, umgeben von anderen Ossis, die sich gegenseitig nach dem Weg zum Begrüßungsgeld fragten.

Schließlich, nach einer Stunde Eiseskälte, fragten wir auch: eine Frau, blond, vielleicht Anfang 20, definitiv nicht DDR. Sie – Stefan sagt, sie hieß Karin – kam von der Disco, zusammen mit zwei Freunden. Nein, sagte sie, geht ja nicht zur Post, da steht ihr nur in der Schlange. Kommt lieber mit zu mir, dort stoßen wir an.

Wir saßen bis zum Sonnenaufgang bei ihr herum, auf einem warmen Teppich, und tranken Sekt. Darauf, dass wir hier zusammen sein können, sagte Karin. Später lotste uns einer ihrer Freunde in ein Dorf namens Ahorn, wo wir auf der Post sogleich unsere 100 Mark bekamen und anschließend bei seiner Oma einen Kaffee.

Den Rest des Tages verbrachten wir in der Stadt. Ich hielt durch bis zum Nachmittag, bis ich jenes silberne Radio sah, mit Stereoton, Uhr und LED-Anzeige, im Angebot für nur 19,99 DM.

Danach, wir warteten im Rückreisestau, erwarb ich vor einem Baumarkt in Bad Neustadt noch ein graues Sweatshirt für 9,99 DM. Wie konnte ein Pullover, der in der Jugendmode 120 Mark kostete, nur so billig sein?

Es war längst dunkel, als ich wieder daheim war. Würdelos, erkältet – und zufrieden.

6.11.2004

Die gleichen Dinge

Als Themis 15 Jahre alt war, musste sie heiraten. Ihren Ehemann kannte sie nur vom Sehen – so wie man sich halt kennt auf einer Insel, auf der nur ein paar tausend Menschen wohnen. Aber ihre Mutter wollte es so, Widerspruch war nicht erlaubt.

Nun, ein halbes Jahrhundert später, hat Themis vier Kinder, 14 Enkel und vier Urenkel. Die Ehe hält bis heute. „Was ist Liebe?", fragt sie vom Fahrersitz und schaut über die Schulter nach hinten. „Respekt", antwortet sie selbst. „Du musst voreinander Respekt haben." Dies sei die Basis jeder Beziehung.

Ansonsten, das fügt sie sofort hinzu, hätte sie es natürlich nie zugelassen, dass ihre eigenen Töchter minderjährig heirateten. „Aber das sind heute andere Zeiten."

Themis, eine resolute Frau mit lautem Lachen und kurzen Haaren, die sich im Vorbeifahren an jeder Kirche bekreuzigt, spricht Englisch mit australischem Akzent. Für einige Jahre lebte sie am anderen Ende der Welt, bis der Mann wieder zurückwollte, in die Heimat. Die Hälfte ihrer Familie hat sich jedoch global verteilt: Ein Sohn wohnt in Ohio, eine Tochter in Australien.

Nun fährt Themis die Touristen, die in dem Hafen anlanden, in einem alten Toyota auf der Insel umher. Sie kennt jede Taverne, jeden Strand und jede der vielen Straßenkurven. Deshalb stellt es für sie auch kein Problem dar, wenn ein Videoanruf von der fernen Tochter eintrifft, während sie das Auto die nächste Serpentine hinauf quält.

So erstaunlich das Leben von Themis erscheinen mag, so normal wirkt es auf Kalymnos. Da ist zum Beispiel Makarounas aus Palionnissos. Er berichtet sofort und äußerst ausführlich davon, wie viele Jahrzehnte er im Ausland verbrachte (vier), was sein Sohn in Nürnberg so macht (irgendetwas mit Bauen) und wie der Wein seiner Taverne ist (natürlich der beste überhaupt).

Makarounas spricht Deutsch, Englisch, Griechisch oder was halt gebraucht wird. „Easy Communication in 7 Languages" steht stolz auf seiner provisorischen Visitenkarte. Doch noch stolzer erscheint er auf seinen angeblich mehr als 1000 Jahre alten Olivenbaum zu sein, und darauf, dass er hier, in diesen abgelegenen Hafenort, geboren wurde.

Oder da ist Giorgios, der sich in breitem Englisch George nennt. Er war lange in New York, Florida und South Carolina und dann auch einige Jahre in Deutschland, wo er Betten verkaufte. Von dem Geld, das er verdiente, hat er im Fischerdorf Emporios ein großes, weißes Gästehaus erbaut, an der Stelle, wo der Strand am schönsten ist, mit Klimaanlage, blauen Fensterläden und einem Barbecue-Grill.

Oder da ist Maria, die in der Bronx und Brooklyn Brot backte, drei Jahrzehnte, mit 40 Kunden. Zwei davon, sagt sie, hätten sich in den eingestürzten Türmen befunden. „Crazy people", murmelt sie, dann bietet sie ihren frisch gebackenen Apfelkuchen zum Kosten an.

Oder da ist Elina, die am Strand eine Taverne führt, und deren Mutter in Australien geboren wurde. Auch sie erzählt, so wie meisten anderen, bald davon, warum die Menschen die Insel verließen: Wegen des kargen Lebens, wegen der immer wiederkehrenden Rezessionen, wegen der schlechten Bildungschancen.

Dies alles sind Gründe, die wohl überall in Griechenland zu hören sind. Doch auf Kalymnos kam noch ein Grund hinzu. Lange Zeit hatte die Insel vom Handel mit Schwämmen gelebt; sie war dafür berühmt und ja, vergleichsweise reich. Über Jahrhunderte waren die Männer in die Tiefen des Meeres getaucht, einige kamen nie zurück. Doch dann, in den 1970er-Jahren, starb ein Großteil des Schwamms ab, ein Pilz hatte ihn wohl befallen.

Die Insel rutschte in die Strukturkrise. Die Männer, die sich schon zuvor gelegentlich als Perlentaucher in Florida und Australien verdingt hatten, blieben nun dort. Andere gingen nach Westeuropa, um Restaurants zu eröffnen oder am Band zu arbeiten.

Kalymnos verarmte, verlor viele Einwohner. Für den Massentourismus, der sich in der Nachbarschaft auf Kos und im türkischen Bodrum entwickelte, erschien sie zu klein und zu bergig. Doch dann, Mitte der 1990er-Jahre, machte hier ein bekannter Sportkletterer Urlaub und stellte fest, dass es unzählige interessante Routen gibt.

Inzwischen ist Kalymnos für das Klettern so bekannt wie einst für die Schwämme. Etliche Auswanderer kehren zurück, Ältere wie Maria oder Makarounas, aber auch Jüngere. Und während der Ostdeutsche mit ihnen spricht, denkt er daran, wie sehr sich die Dinge oft gleichen.

24.5.2022

Mein einziger und ewiger Bravo-Held

Der Sommersonntagsnachmittag war sonnig und schwül, mein Vater hatte mir aufgetragen, das frischgemähte Gras zu harken. Doch ich saß vor dem hölzernen, von Urgroßmutter Anna geerbten Kasten, der nach dem Anschalten zwei Minuten benötigte, um ein kleinformatiges, leicht bis mittel verrauschtes Bewegtbild in Schwarz und Weiß zu zeigen.

Von der Gemeinschaftsantenne, die das Dorfmännerkollektiv mit reichlich Schweiß und noch mehr Schmiedefelder Bier auf der Kuppe des Bergs errichtet hatte, gelangten die Fernsehsignale des imperialistischen Klassenfeinds durch ein sehr langes, querwaldein verlegtes Kabel direkt in unser blaugeschiefertes Haus. Und ich hatte den Regler – ja, liebe Kinder, so funktionierte das tatsächlich – so lange gedreht, bis das Zweite Deutsche Fernsehen aus der Kiste flackerte.

Aus dem englischen Ort Wimbledon wurde eine Sportart übertragen, die ich natürlich kannte, die mich aber nie zuvor interessiert hatte. Obwohl ich nur die Hälfte von dem, was auf dem Platz geschah, verstehen konnte, mit Punkten, Sätzen und Tiebreaks, und obwohl Vater immer wieder aus dem Garten rief, saß ich wie festgetackert vor dem Fernseher. Es war einfach zu spannend.

Ein paar Stunden zuvor war die flotte Oma Sigi mit ihrem Lada vorbeigebrummt und hatte einige von ihren interzonalen Ausflügen mitgebrachte Marlboro zum Rondo-Kaffee geraucht. Danach teilte sie mit, dass sie leider wieder nach Hause eilen müsse, um das große Finale mit dem „jungen Gott“ anzuschauen. Sie nannte ihn genauso: „Junger Gott“.

Sigi spielte Tennis, was in der DDR als bourgeoise, ja eigentlich schon dekadente Betätigung galt. Eine gefestigte sozialistische Persönlichkeit hüpfte nicht in blütenweißen Hemdchen und Höschen über einen Rasenplatz, sondern quälte sich Frank-Ullrich-mäßig mit dem Schießgewehr durch die Loipe. Oder so. Außerdem war Tennis noch gar keine echte olympische Disziplin, brachte mithin nichts im Kalten Krieg der Medaillenspiegel.

Aber Sigi hatte mich neugierig gemacht. Ich war, glaube ich, zuerst ein wenig enttäuscht vom Anblick des großen, blonden und ziemlich strammen Jungen, der nur vier Jahre älter war als ich. Besonders göttlich wirkte er nicht.

Aber was soll ich sagen: Dreieinhalb Stunden, vier Sätze und 102 Asse später hatte Boris Becker als jüngster Spieler und erster Deutscher in Wimbledon gewonnen, mit allem, was fortan dazu gehörte, mit Becker-Rolle, Becker-Faust und Becker-Schrei. Ich war, ab dieser Sekunde, bedingungsloser Fan.

Durch einen Ringtausch, an dem, wenn ich mich recht erinnere, einige abfotografierte Pierre-Brice-Plakate und ein original Bayern-Sticker beteiligt waren, gelangte ich in den Besitz eines großen Bravo-Posters, das jedes rötlichblonde Beinhärchen des sogenannten Leimeners präzise zeigte. Ich hängte es direkt über das Aquarium.

Von da an schaute ich Tennis, zumindest die großen Turniere und immer die Spiele von Boris, den Nachnamen nannte längst niemand mehr. Ich kannte seinen Platz in der Weltrangliste, ich überlegte, ob er nicht doch vielleicht was mit der Steffi hatte, und ich hasste Ivan Lendl.

Meine Fernsehtennisphase endete unmerklich. Meine Borisphase währt bis heute. Es ging mir wie wohl den meisten anderen, die im Juli 1985 vor dem Fernseher gesessen hatten: Immer, wenn er kurz davorstand, sich aus dem Gedächtnis zu stehlen, heiratete er eine neue Frau, produzierte einen peinlichen Skandal oder ging mit einer windigen Investition pleite.

So spektakulär, grandios und emotional er einst siegte, so scheiterte er nun, wieder und wieder und wieder. Das Boris-Becker-Drama, mal tragisch, mal rührend, mal lächerlich, begleitete uns durch die Zeit. Wir wurden gemeinsam alt.

Nun sitzt unser aller Bobbele im Gefängnis, wenige Kilometer von dem Platz entfernt, auf dem er vor bald 37 Jahren den golden glänzenden Siegerpokal in die Höhe reckte. Oma Sigi lebt nicht mehr, aber ich bin mir sehr sicher, dass sie ihm, so wie ich, auch diese leidige Angelegenheit sogleich verziehe. Er bleibt, trotz allem, der junge Gott, der das Wunder von Wimbledon geschehen ließ. Das Sentiment einer unglücklich-glücklichen Kindheit. Mein ewiger und einziger Bravo-Held.
3.5.2022

Klöße und Größe

Seit einigen Jahren arbeite ich mit freundlicher Genehmigung meines Arbeit gebenden Verlags – danke dafür – als freier Autor für diverse überregionale Medien. Vor der Landtagswahl 2019 fragte mich ZEIT ONLINE, ob ich als Thüringer etwas Betrachtendes zur Verfasstheit Thüringens schreiben könnte. Das Ergebnis war ein Essay, in dem ich an einigen Stellen Gedanken, die ich in Kolumnen verarbeitet hatte, wieder aufgriff, ohne es damals selbst zu bemerken. Insofern soll der Text als ein etwas lang geratenes Schlusswort dienen.

Das Thüringen in uns

Was ist das für eine Gegend, in der Bodo Ramelow und Björn Höcke die Umfragen dominieren? Über ein schrecklich romantisches Land, das ich bis heute nicht ganz verstehe.

Es war in München, in einem riesigen, grauen Gebäudeklotz am Stiglmaierplatz, als mir das Land, das meine Heimat ist, auf eine verstörende Art nahekam, so konkret, so direkt, so ungeschützt, wie ich es zuvor noch nicht verspürt hatte. Im Saal A 101 des Justizzentrums wurde dem Kern der Terrorgruppe, die sich Nationalsozialistischer Untergrund nannte, der Prozess gemacht. Angeklagt waren eine Frau und vier Männer aus Ostdeutschland, die meisten von ihnen stammten aus Jena. Aus Thüringen.

Die Richter, die Nebenkläger, Anwälte, Besucher und Journalisten kamen fast alle aus dem Westen, wohin Uwe Böhnhardt und Uwe Mundlos in der Regel mit dem Wohnmobil reisten, wenn sie morden wollten. In München hatten sie zwei Menschen getötet, den Griechen Theodoros Boulgarides und den türkischstämmigen Gemüsehändler Habil Kiliç.

Weil die Stadt damit Tatort war und weil das örtliche Oberlandesgericht erfahren in Großprozessen schien, hatte die Karlsruher Bundesanwaltschaft die Anklage hier eingereicht.

An 373 Verhandlungstagen wurden zehn Morde und 43 Mordversuche verhandelt, an vielleicht 100 Tagen habe ich für die Zeitungen der Thüringer Mediengruppe berichtet. Ich war dabei, als der Vater des in Kassel ermordeten Halit Yozgat weinte und schrie. Als Aberhunderte Tatortfotos mit Blutspuren, Einschusslöchern und Austrittswunden gezeigt wurden. Als Polizisten, Verfassungsschützer und Beamte auftraten, die alles richtig gemacht haben wollten.

Hätte auch aus mir ein Neonazi werden können?

Ich war dabei, als die Mutter von Uwe Böhnhardt, eine Lehrerin, erzählte, wie ihr Jüngster immer die Schuhe aus- und seine Hausschuhe anzog, wenn er in die Plattenbauwohnung in Jena-Lobeda kam. Als der Angeklagte Carsten S. schilderte, wie er sich in einen jungen Mann verliebte, der ihm irgendwann die Zillertaler Türkenjäger vorspielte. Als ein Zeuge berichtete, wie man sich damals erst in dem schönen Biergarten am Saalewehr traf, bevor man auszog, um Zecken oder Ausländer zu verprügeln.

Dies alles waren die Orte meiner Kindheit, meiner Jugend, meines Lebens. Ich war in derselben Stadt in die Schule gekommen, in der Beate Zschäpe in den Kindergarten ging. Und ich hatte in derselben Stadt studiert, in der Uwe Böhnhardt und Uwe Mundlos ihre ersten Bomben bauten und aus der sie 1998 flohen, um Terroristen zu werden.

Doch erst hier, im Jahr 2013, in München, drängte in mir die Frage nach oben, die ich bis dahin tief unten gehalten hatte: Was wäre passiert, wären meine Eltern nicht, als ich gerade Laufen lernte, aus dem Lobedaer Beton weggezogen? Würde ich, vielleicht, da unten im Saal etwas über Kameradenabende im Thüringer Heimatschutz stammeln? Hätte auch aus mir ein Neonazi werden können?

Ich weiß es nicht. Was ich aber weiß: Die Widersprüche meiner Heimatstadt, der Stadt von Schiller, Zeiss, Abbe, der Stadt von Rassenlehre und NSU, der Stadt, in der in den 1990er-Jahren Aufbau und Absturz einen besonders starken Kontrast bildeten, sind die Widersprüche meines Heimatlandes, das sehr Verschiedenes gleichzeitig sein kann, kulturvoll und provinziell, gastfreundlich und fremdenfeindlich, weltoffen und verschlossen. Thüringen ist, trotz seiner Beschaulichkeit und des tatsächlich allgegenwärtigen Bratwurstdufts, ein Land der Extreme, das so viele vormalige Residenzen wie einstige Außenstellen von Konzentrationslagern besitzt, in dem sich das Bauhaus gründete und kurz darauf die erste Regierung mit NSDAP-Beteiligung gebildet wurde, in dem Bach seine erste Fuge komponierte und die Öfen für Auschwitz gebaut wurden.

Womöglich liegt es auch an diesen Widersprüchen, dass die Polarisierung der Republik, die sich in ihrem Osten besonders stark zeigt, in Thüringen einen zusätzlichen Schärfegrad erhält. Am 27. Oktober steht hier der einzige linke Ministerpräsident Deutschlands dem Anführer des völkischen „Flügels" der AfD gegenüber. Bodo Ramelow ist kein Kommunist, ja vielleicht noch nicht einmal ein Sozialist, sondern ein Sozialdemokrat, der vor 20 Jahren aus Trotz in die PDS eintrat und, in der Regel, ziemlich pragmatische Politik macht. Aber er, der überzeugte Protestant und Träger des Israel Jacobson Preises, ist Spitzenkandidat einer Partei, die im Bund für den Ausstieg aus der Nato und Enteignungen steht und in Teilen ein problematisches Verhältnis zu Israel besitzt.

Björn Höcke hat sich auf vielen Demonstrationen, in seiner infamen Dresdner Rede und seinem völkisch-verquasten Buch als der Extremist zu erkennen gegeben, der er schon war, als er noch Sport und Geschichte in Bad Sooden-Allendorf lehrte. Sogar das Landgericht im südthüringischen Meiningen stellte zuletzt in einem Urteil amtlich fest, dass Höcke getrost als

Faschist bezeichnet werden dürfe, da er selbst dafür ausreichende Argumente geliefert habe.

Und trotzdem wird für seine Partei, wie schon bei der Bundestagswahl vor zwei Jahren, vielleicht ein Viertel der Thüringer Wähler stimmen – und nicht wenige davon wohl auch deshalb. Wie die Umfragen zeigen, entsteht gerade vor der Landtagswahl dieselbe Dynamik, die schon in Sachsen und Brandenburg zu beobachten war. Im Kampf einer alarmierten Gesellschaft gegen eine zersetzende und hetzende AfD legt die Partei zu, die den Ministerpräsidenten stellt.

Die könnte schwerwiegende Konsequenzen haben, weit über Thüringen hinaus. Wenn es so kommt, wie die Umfragen sagen, werden Linke und AfD gemeinsam eine unfreiwillige Blockadekoalition von mehr als 50 Prozent der Stimmen bilden. Damit wäre jede Mehrheitskoalition, die im herkömmlichen Sinn als bürgerlich bezeichnet werden könnte, für die nächsten fünf Jahre verhindert.

Falls es auch nicht für Rot-Rot-Grün reicht, was angesichts der Schwäche der SPD und einer möglichen parlamentarischen Rückkehr der FDP durchaus möglich ist, kann überhaupt keine Regierung gebildet werden, die über eine Mehrheit im Landtag verfügt. Dann käme es zu einer wie auch immer gearteten Minderheitsregierung oder zu Neuwahlen – oder Bodo Ramelow regiert einfach geschäftsführend weiter. Eine Frist für die Wahl eines Nachfolgers setzt die Verfassung nicht.

Dies ist, auf den ersten, flüchtigen Blick, eine erstaunliche Entwicklung für ein Land, das 24 Jahre von der CDU regiert wurde, davon 15 Jahre mit absoluter Mehrheit – einem Land zumal, das wie Sachsen stolz darauf ist, wenige Arbeitslose und viele Unternehmen zu haben, und das, trotz mangelnder Lehrer und ausfallenden Unterrichts, in den Bildungsrankings immer noch mit an der Spitze steht. Aber die Erfahrung im Osten lehrt, dass hier keine Gewissheiten existieren. Nach vier

Jahrzehnten DDR und drei Jahrzehnten sogenannter Transformationsprozesse gibt es keine größeren politischen Milieus, konfessionellen Gruppen und auch nicht mehr so was wie ein gewachsenes Bürgertum, das in der Lage wäre, so etwas wie eine eigene, selbstbewusste Elite hervorzubringen.

Das alles ist bekannt. Inzwischen ist ein eigenes soziologisch-journalistisches Genre entstanden, das sich mit der psychologischen Sezierung und, oft genug, Pathologisierung des gemeinen Ostdeutschen beschäftigt. Auch wenn die Analysen zuweilen, je nach Perspektive, paternalistisch oder larmoyant klingen mögen: Viele Befunde sind nicht falsch. Und sie sind seit Langem aktenkundig.

Im April 2000, ich hatte gerade bei der Thüringer Allgemeinen in Erfurt angefangen, wurde am Geburtstag von Adolf Hitler ein Molotowcocktail gegen die Rückseite der Synagoge der Stadt geworfen. Der Brand war rasch gelöscht, die Erschütterung jedoch blieb.

Damals begannen Wissenschaftler am Jenaer Institut für Politikwissenschaft, an dem ich kurz zuvor meinen Abschluss abgelegt hatte, mit einer Langzeitstudie, für die Jahr für Jahr mehr als 1000 Menschen befragt werden. In der ersten Umfrage sagten 45 Prozent, dass sie sich „in erster Linie“ als Thüringer fühlten. 30 Prozent sahen sich zuerst als Deutsche und immerhin 15 Prozent als Ostdeutsche.

Aber dies war nicht die eigentliche Erkenntnis. Der Thüringen-Monitor brachte damals zum ersten Mal systematisch das zutage, was inzwischen für ganz Ostdeutschland bekannt ist und was gerade eine Umfrage für die ZEIT nochmals offenbart hat. Fast ein Drittel stimmte der These zu, dass die Bundesrepublik „durch die vielen Ausländer in einem gefährlichen Maß überfremdet“ sei. Ein weiteres Drittel fand diese Aussage teilweise richtig. Jeder Fünfte erklärte, dass die DDR „mehr gute als schlechte Seiten“ hatte; jeder Zweite war zumindest teilweise dieser Meinung. Nur 16 Prozent waren

„sehr zufrieden" oder „ziemlich zufrieden" mit der Demokratie.

Es war ein erster Blick unter die Oberfläche, unter der es gärte und brodelte und ungut roch. Ich war überrascht, wie wild sich dort alles miteinander vermischte und wohl auch gegenseitig bedingte: DDR-Nostalgie, Rechtsextremismus, Sozialismusgläubigkeit. Und ich war enttäuscht, ja: entsetzt. Ich hatte, so wie viele meiner Freunde, Verwandten, Bekannten, die Zeit seit 1990 als Geschenk erlebt, mit neuen, komplizierten Herausforderungen, mit Problemen und Ungerechtigkeiten – aber eben doch vor allem mit davor nur erträumten Freiheiten und Möglichkeiten. Ja, ich hatte in meinem Zivildienst, der noch in der DDR begann und den ich in einer der vielen Arbeitsbeschaffungsmaßnahmen verbrachte, die ersten Verlierer des gewaltigen wirtschaftlichen Umbruchs kennengelernt, dessen Ausmaß selbst der Begriff Deindustrialisierung nicht gerecht wird. Aber ich hielt dies, so wie viele andere auch, bloß für kurzfristige Folgen. Das würde vergehen.

Wir alle irrten. Die Antworten veränderten sich in den darauffolgenden zwei Jahrzehnten kaum, ja, die Angst vor der sogenannten Überfremdung stieg sogar noch. Damals wie heute schätzen die Wissenschaftler den harten Kern von Menschen mit nationalsozialistischen Einstellungen auf knapp zehn Prozent – und den Anteil der Menschen, die rechtsextremistischem Gedankengut nahestehen, auf bis zu 20 Prozent. Etwa 40 Prozent der Befragten, heißt es, besitze eine ethnozentrische Weltsicht. Etwa ebenso hoch ist der Anteil der „Ostdeprivierten": 42 Prozent finden, dass die Ostdeutschen von Westdeutschen „als Menschen zweiter Klasse" betrachtet werden.

Der Unterschied zwischen damals und heute ist, dass der gesellschaftliche Gärkessel ein Ventil namens AfD besitzt. Vor dem Aufstieg der neuen Partei wählten die Unzufriedenen und sogenannten Deprivierten die PDS, während die Extremisten für die NPD stimmten, die es im Jahr 2009 mit 4,5 Prozent fast in den Landtag schaffte. Der größte Teil von ihnen ging gar nicht erst zur Wahl.

Natürlich hat die Stimmung im Land auch damit zu tun, dass Thüringen ein einziger ländlicher Raum ist, in dem sich schneller isoliert, und ja, abgehängt fühlen lässt. Etwa 2,1 Millionen Menschen leben hier, noch, wie man sagen muss. In 20 Jahren werden es nur gut 1,8 Millionen sein, wovon wiederum ein Drittel über 65 sein dürfte. Erfurt als größte Stadt hat etwas mehr als 200.000 Einwohner, Jena als zweitgrößte nur etwa die Hälfte, trotz der mehr als 20.000 Studenten. Die Mehrheit lebt in Kleinstädten oder auf dem Dorf. So etwas wie urbanes Leben existiert nur in Ansätzen.

Überhaupt lässt sich fragen, was das eigentlich ist: Thüringen. Im Süden geht das Land sprachlich, kulturell und bratwurstrezeptmäßig ins Fränkische über, im Westen in die hessische Rhön, im Osten ins sächsische Vogtland, im Norden in das niedersächsische Eichsfeld. Und mittendrin sitzt das einst halb protestantische, halb katholische Erfurt, das über Jahrhunderte vom Mainzer Erzbistum fremdregiert wurde und später vom preußischen Berlin – und das erst nach dem Zweiten Weltkrieg kurz zu Thüringen gehörte, bevor alles wieder in die drei künstlichen DDR-Bezirke Erfurt, Gera und Suhl zerteilt wurde.

Trotzdem ist das Thüringer Selbstverständnis gefestigter als das der Bindestrichländer Sachsen-Anhalt oder Baden-Württemberg. Das 1920 aus einem halben Dutzend Kleinfürstentümern zusammengeklöppelte Land nennt sich gar mit trotziger Anmaßung Freistaat, so als sei es auf Augenhöhe mit den vormaligen Königreichen Bayern und Sachsen.

Vielleicht verhält es sich ja so: In Thüringen wirken DDR-Komplex und Provinzkomplex besonders zusammen, wogegen ein gelegentlich übertrieben wirkender Regionalpatriotismus gesetzt wird. Die Einheimischen leiden unter den landestypischen Klischees – und zelebrieren sie doch ohne Unterlass. Rainald Grebe, der für einige Jahre am Theaterhaus in Jena arbeitete und über so einige deutsche Ländereien schmerzhafte Lieder schrieb, brachte die volatile Landesidentität auf die zeitlose wahre Frage: „Warum reduziert man unsere Größe – auf Würste und Klöße?"

Was aber die Menschen hier über alle Regionen, Generationen und gar alle Parteien hinweg eint, ist die Projektion Thüringens als romantischer Sehnsuchtsort. Das hat weniger damit zu tun, dass in Jena die deutsche Romantik ihren Ausgang nahm und dass die Wartburg, auf der die Studenten patriotische Lieder sangen und Bücher verbrannten, das romantische Ideal einer deutschen Burg verkörpert, oder dass überall Schlösser herumstehen, deren Adelsfamilien sich in alle großen europäischen Königshäuser eingeheiratet hatten. Es hat insbesondere mit der Natur zu tun und mit den dunklen Fichten- und lichten Buchenwäldern, die ein Drittel des Landes bedecken, im Schiefergebirge, im Hainich, dem Südharz, auf den Hügeln um Weimar und den Kernbergen bei Jena.

Jeder, der etwas länger in Thüringen lebt und sich nicht mit allem, was er hat, dagegen wehrt, wird irgendwann eins mit dieser Landschaft. Für einige Jahre meiner Jugend wohnte ich mit meinen Eltern und meiner Schwester in einem Dorf bei Ilmenau, unterhalb des Berges Kickelhahn, auf dem der Weimarer Großherzog Karl Friedrich für seine Frau, die Zarentochter Maria Pawlowna, einen Aussichtsturm bauen ließ. Nicht weit davon stand eine Jagdhütte, in der ein noch recht junger Johann Wolfgang von Goethe, von dem es in Thüringen so viel Gedenktafeln wie Grillplätze gibt, mit Bleistift auf eine Holzwand den berühmten Vers schrieb, der mit den Worten beginnt: „Über allen Gipfeln / Ist Ruh' / In allen Wipfeln spürest Du / Kaum einen Hauch / Die Vögelein schweigen im Walde." Ich stieg oft hinauf, und wenn ich dort einsam stand, und meine heimliche Zigarette rauchte, sprach ich tatsächlich diese Zeilen vor mich hin, einschließlich der beiden letzten: „Warte nur! balde / Ruhest du auch."

Mein Urgroßvater Ernst, ein evangelischer Pfarrer, war eng mit August Trinius befreundet, an den heute nur noch ein paar Denkmäler und Wandergaststätten erinnern. „Im Banne der Heimat", heißt eines seiner Standardwerke, acht Bände umfasst sein „Thüringer Wandersmann". Darin rauschten und schäumten unentwegt Bergbäche „unter moosbefransten, niederhängenden Tannen talab" und „zarte Düfte schwebten über entzündeten Höhen dahin" oder „rieselten zwischen den Baumstämmen hernieder".

Das ist Kitsch, natürlich. Dennoch gibt es eine direkte Linie von Goethe über Trinius bis zu dem „Rennsteiglied", das so etwas wie die inoffizielle Hymne Thüringens ist. Sie führt sogar bis zu den beiden Männern, die einst gen Thüringen zogen und die politische Spaltung des Landes verkörpern. Bodo Ramelow, der 1990 als hessischer Gewerkschaftssekretär nach Erfurt kam, hat sich nahe den Saaletalsperren, die er nur das „Thüringer Meer" nennt, eine Blockhütte gebaut, zu der ein Viertelhektar Wald gehört, auf dem gerade die Fichten den Käfertod sterben. Die Vererdung, die der Ministerpräsident gern vorzeigt, gewinnt auch dadurch Glaubwürdigkeit.

Der hessische Oberstudienrat Björn Höcke zog vor gut zehn Jahren mitten hinein in die romantische Vormoderne des thüringischen Eichsfelds, als er sich das Pfarrhaus im Dorf Bornhagen kaufte, über dem sich die mittelalterliche Burg Hanstein erhebt. Dies, sagte er einmal, sei sein „Büllerbü". Der AfD-Bundesvorsitzende Alexander Gauland, der einst in einem Saal in Thüringen die Zeit des Nationalsozialismus zum „Vogelschiss" der Geschichte erklärte, nennt Höcke einen „Nationalromantiker", das sei alles andere als ein Nazi. Dabei gibt es eben auch diese Linie: von der deutschen Romantik zur „Volksgemeinschaft", wie sie die Nationalsozialisten verstanden.

August Trinius, der Freund meines Uropas, war der Erste, der Thüringen das „grüne Herz Deutschlands“ nannte – was viele Jahre später, nach der Wiedergründung im Herbst 1990, zum ersten offiziellen Werbemotto des neuen alten Landes wurde. „Seit wann sind Herzen grün?“, fragte Rainald Grebe in seinem Lied und schaffte es doch tatsächlich, in seiner Antwort die Ambivalenz des Thüringer Wesens in zwei Zeilen zu kondensieren: „Grün vor Neid aufgrund Bedeutungslosigkeit / Grün vor Hoffnung, dass es lange Zeit so bleibt.“

25.10.2019

Mit Dank an ZEIT ONLINE für die freundliche Genehmigung des Nachdrucks.